二战战史

（英）萨默维尔　著

文娟　译

吉林文史出版社
JILIN WENSHI CHUBANSHE

图书在版编目（CIP）数据

二战战史 / (英) 萨默维尔著；文娟译. -- 长春 :吉林文史出版社,
2017.10（2023.9 重印）

ISBN 978-7-5472-4226-1

Ⅰ.①二… Ⅱ.①萨… ②文… Ⅲ.①第二次世界大战－历史－通俗读物
Ⅳ.①K152-49

中国版本图书馆CIP数据核字(2017)第121089号

二战战史
ERZHAN ZHANSHI

出 版 人　张　强
作　　者　（英）萨默维尔
译　　者　文　娟
责任编辑　董　芳
责任校对　薛　雨
封面设计　韩立强
出版发行　吉林文史出版社有限责任公司
地　　址　长春市净月区福祉大路5788号出版大厦
印　　刷　天津海德伟业印务有限公司
版　　次　2017年10月第1版
印　　次　2023年9月第5次印刷
开　　本　640mm×920mm　　16开
字　　数　208千
印　　张　16
书　　号　ISBN 978-7-5472-4226-1
定　　价　45.00元

前言

PREFACE

第二次世界大战是德国、日本、意大利法西斯由局部战争扩大为世界大战的。第一次世界大战结束后，各国之间所固有的各种基本矛盾一个也未解决，而又增加了战胜国与战败国的矛盾以及战胜国之间的矛盾。意大利、德国和日本相继建立了法西斯政权，他们利用第一次世界大战战胜国一手炮制的《凡尔赛和约》煽动民族情绪，对内实行暴力专政，对外实行侵略扩张，成为世界大战的策源地。而英国、法国和美国的绥靖政策则助长了法西斯的侵略气焰。再加上1929年爆发的史上最严重的一次全球性经济危机的冲击，战争开始变得一触即发。

1937年7月，日本发动全面侵华战争，中国人民奋起抗日，拉开了世界大规模反法西斯战争的序幕。在欧洲，1939年9月1日，纳粹德国向波兰发动突袭，9月3日，英、法被迫对德宣战，第二次世界大战全面爆发。这次大战的战火燃及欧、亚、非和大洋洲四大洲及广阔的海域，主要战场包括中国战场、欧洲西线战场、欧洲东线战场、太平洋战场、东南亚战场、北非战场等，著名战争包括敦刻尔克大撤退、不列颠空战、珍珠港之战、中途岛海战、诺曼底登陆、斯大林格勒保卫战、阿拉曼战役等。法西斯的侵略和暴行激起了全世界人民的反抗,美国、英国、苏联、中国等几十个国家结成了强大的同盟,彻底打败了侵略者,赢得了反法西斯战争的伟大胜利。

第二次世界大战是历史上死伤人数最多的战争,据不完全统计,战争中军民合计伤亡过亿,其他损失则难以用钱财去衡量。第二次世界大战也改变了世界的政治版图和社会结构,战败的轴心国集团被迫接受同盟国的安排。1945 年 10 月 24 日联合国亦宣告成立,美国、苏联、中国、英国和法国 5 个国家成为联合国安理会的常任理事国。然而第二次世界大战的结束也促使美国和苏联成为彼此对立的超级大国,开启了长达 46 年的"冷战"时代。

这是一部战争史书,是对人类历史上最致命冲突的权威记录,对本次世界大战中的大小战役均有翔实的叙述,详细解读其前因后果,客观点评政治经济,还原历史真相,破解重重谜团,为读者呈现不一样的战争全史。其中既有对不同军事策略之成败的分析,也会论及战争的关键转折点以及新技术所带来的影响力等。视角客观公正,故能与众不同;论述精警,足以让人击节。内容既适合普通读者对"二战"进行大致了解,也可供军事迷和专业人士学习参考。

目录

C O N T E N T S

两将的强大是世界之繁

第一章　一步步走向战争

第一次世界大战，被称为一场"结束所有战争的战争"。第一次世界大战的中心在欧洲，因此其实际上只解决了为数不多的欧洲问题。实际上，第一次世界大战带来了其他一些问题，而这些问题使 20 世纪 30 年代的很多独裁者与军国主义者，得以继续谋求解决这些问题的办法，或者至少他们是这样希望的。但是在现实中，这却衍生出更加恐怖的新冲突。

第一次世界大战曾经是人类历史上代价最高的一次战争，不论在死亡人数上，还是在战争破坏程度上都是如此。不单是杀戮，第一次世界大战中军工生产的整个过程，完全实现了机械化和工业化。之前各种武器与涉及平民所适用的人道行为标准，很快就被抛弃了。第二次世界大战将所有这些趋势，都带入到新的顶峰。

德国意图支配欧洲的野心，并没有随着第一次世界大战的结束而结束。实现这一目标的大众意愿，依然在德国人的生活中继续生根发芽，这并不是希特勒及其法西斯党徒所独有的情结。同样，在第一次世界大战中属于胜利同盟者一方的日本领导者，开始觉得他们自己并没有获得应该赢得的战争犒赏，并且他们的国家正处于欧洲与美国的包围圈之中。在这艰难的时期，其他国家并没有妥善解决好这些问题。其中一些国家选择了在国际事务中的孤立主义，而其他一些国家则半推半就地选择了重整军备的政策，当然还有其伴随的软弱绥靖政策。当面对那些愿意在有利条件下发动战争的敌人时，这些策略都是徒劳无功的。

第一次世界大战的影响

终结第一次世界大战的和平条约，还是给后来积攒下很多的问题。前英法联军总司令斐迪南·福煦元帅，给出了一个最精辟的评判："这并不是真正的和平条约，而只是暂停二十年的停火协议。"

获胜的盟军来到巴黎，来协商如何签订终止第一次世界大战的和平条约，从而防止重蹈覆辙。但是，他们为了实现这一目标而采取的措施，后来被证实是欠妥的。每一个前同盟国都分别签订了独立的条约（通常指《凡尔赛和约》，但是实际上这个和约只涉及德国这一个国家）。三个最具实力的胜利方（美国、英国和法国）主宰着协商的进程，尽管来自于其他很多同盟国的代表也参与到其中。

但是，新苏俄政权和旧俄国的领导者们正在为一场内战争论不休，根本没有被包括在商谈之中。同样缺席的，还有来自于被击败的同盟国的代表——他们曾被召集过一次，直接在业已达成的条约内容上签字，但并没有参与协商过程。这些缺失，是《凡尔赛和约》缺陷的根源所在。

一个全新的欧洲

这些条约重新勾画了欧洲的地图，但同时也给后来种下祸根。奥匈帝国被瓦解，奥地利和匈牙利变成独立的两个国家；还有两个全新的国家，即捷克斯洛伐克和南斯拉夫也宣告成立。罗马尼亚从匈牙利和保加利亚那里接管了部分领土，而波罗的海沿岸国家则纷纷独立，其大部分都是从俄罗斯帝国分割出来的。同样还有波兰，其国土包括了之前属于德国的部分领土，并通过位于但泽的"波兰走廊"入海。法国重新获得了阿尔萨斯和洛林地区，这两个地方是在1870~1871年的普法战争中被德国占领的。比利时与丹麦也获得了德国的一些领土。总共算起来，德国失去了其战前领土的13%，而其殖民地则变成了协约国中此国或彼国的新属地。

德国的武装部队，被缩减至原先规模的一小部分。更使德国人憎恨的是，德国还不得不接受这样一个条款，即这场战争完全都是德国的错（这个其实并不符合历史事实），因此德国必须要为战争所带来的伤害与损失支付巨额的经济赔偿。而赔款的具体数额要在之后来确定。

日益增长的仇恨

除此之外还有很多的问题，不光只有德国因为不公正待遇而引起的愤怒，多数国家都对业已设定的国界线心存不满。虽然英国和法国明显是最强大的欧洲国家，并在战争中遭受了重创，但是由于其自身所有的各种问题，两国都不太情愿在和平解决的工作方面扮演主角。

为了起到这样一个作用，一个全新的国际组织即国际联盟被组建起来，其主要是在美国总统伍德罗·威尔逊的敦促下建立的。但是，其究竟能够发挥多大作用，依然有待见证。令人遗憾的是，从一开始，国际联盟就遭到美国国会的拒绝，且不允许美国加入该组织。

所有这些都没能阻止第二次世界大战或者其他类似战争的爆发。因德国遭致不公平待遇而产生的愤怒，激发了一位名叫阿道夫·希特勒的低等下士，他加入了一个小型的激进政治组织，而这个组织就是在慕尼黑的德国工人党。希特勒加入这个组织的时间是1919年9月。

衰落的经济

世界经济开始变得不平衡，因为第一次世界大战后胜利方和战败方都要背负起很多的债务，而其领导人却不太知道如何掌控他们国内的经济，因此也无法对因此而导致的问题做出有效的回应。

第一次世界大战后紧接着的几年时间，见证了很多困难时期和政治问题，全世界的人们都无一幸免，不光是在战败的德国。在这个时期，纳粹主义与意大利的法西斯主义都开始生根发芽。接着，在一段时期的经济繁荣增长与国际关系貌似友善的阶段之后，美国股价于 1929 年彻底崩盘，从而招致了大萧条时期与另一个政治混乱的时代。

在之前参与战争的国家之中，那些退伍军人们必须重新找到回归正常社会的路子，但却一直不太容易找到顺心的工作；很多伤残退伍军人的生活更是陷入了异常困难的境地。

对数以百万计的战争遗孀与孤儿而言，贫困成了每天都必须面对的残酷现实。那些居于社会上层的人开始担心俄国的共产主义革命运动会进一步蔓延开来。在德国，右翼人士组建了民兵组织来抵抗社会主义者，而在英国及其他国家，军队在街上与罢工者及其他抗议示威者发生了很多冲突。

由于在经济上陷于困境，德国在战争赔款问题上自然一拖再拖。作为报复，法国和比利时的部队在 1923 年 1 月占领了鲁尔地区，而这次行动引发了德国境内的一场财政危机与大规模的通货膨胀。到 1923 年末，德国马克的汇兑值是 1300 亿马克兑换 1 美元。在德国，钱币根本就是一文不值的废纸，很多中产阶级则亲眼目睹了自己储蓄的急剧贬值。

美国贷款

1924 年，在美国银行家查尔斯·道斯（不久之后便成为美国副总统）领导下成立了一个联盟委员会。该委员会开始为德国的战争赔款问题提出了一个全新的计划，以给德国重新带来政治稳定与经济增长（但只得依靠美国的贷款）。其他国家在第一次世界大战期间也从美国那里贷了非常沉重的款额，他们也试着努力偿还这些贷款，但国际贸易在当时处于下滑趋势，这一局面部分是由于美国的保护主义措施所导致的。

不过在那个时候，美国的经济与股市却一路高歌猛进。1926年，德国加入了国际联盟，并在国内政治方面逐渐趋于稳定。不过，当时德国左翼与右翼的激进党都开始有了大量的追随者。

1928年，一些主要国家甚至签订了一份公约，即所谓的《凯洛格－白里安公约》（美国国务卿和法国外长是其中的主要斡旋者）。在这个公约中，各国一致同意不再用发动战争的方式，来作为国际外交的一种手段。很显然，这一协议根本无法实现其原有的初衷，不过在国际法方面依然具有重大意义。在第二次世界大战之后，这份公约依然发挥了作用，并给国际战犯法庭针对德日两国战犯的指控提供了支持。

1929年，一位美国银行家欧文·杨提出了一个计划，从而最终确定了德国必须支付的最终战争赔款数额。虽然这个计划的条件要比以前的显得温和一些，但是很多德国人依然觉得有点儿苛刻。

经济崩盘

接着，在1929年的10月，纽约股票交易市场的股价开始暴跌，而给美国自身经济增长提供基础并使很多国家经济保持健康发展的银行贷款面临枯竭的局面。不久之后，所有工业国家都出现了数以百万计的失业人员，对于政客们来说，他们则因之获得了采取极端措施去解决这些问题的"良机"。

法西斯主义和纳粹党

首先是在意大利，接着是在德国，激进的政治运动使大权在握的领导者掌控了政府，然后是整个国家的命脉，他们开始再度使这些国家走上新的、狂暴的、不容异己的极端民族主义道路。

在"一战"之后，意大利和德国都曾使用过暴力手段来镇压罢工事件和社会主义政党的活动。在意大利，国家法西斯党的领导者是一位名叫贝尼托·墨索里尼的新闻记者兼退伍军人。该党在暴力活动中显得非常突出。在无数名法西斯党暴徒（黑衫军）的支持下，墨索里尼利用持续的政治动荡局面，使自己在1922年被任命为首相。接着，在1924~1925年间，另一场新的危机（导火线是黑衫军谋杀了一名社会主义党的领袖）使墨索里尼彻底丢弃了宪法统治的伪装，开始了将意大利完全变成一个法西斯国家的进程。

法西斯统治

墨索里尼所发出的信息，完全具有极端民族主义的味道。他声称，国家利益要高于任何个人的权利和自由。大选在刚开始的时候被操控，后来索性直接被废止，接着被祸及的是其他政治党派与言论自由者。法西斯组织在各行各业中纷纷被建立起来，开始时都是由六名以上的男孩组成一个法西斯小团体。墨索里尼则变身为"领袖"，并毫无疑问地接管了政府，因为其受到了宣传机构的支持——他们四处宣扬这样的口号：墨索里尼永远是对的。

希特勒在德国权力的上升，走的是类似的道路，只不过更漫长一些而已。在建立了其较小的政党组织之后，希特勒将其改名为德国国家社会主义工人党，并使其变成了一股强大的当地力量。1923年，希特勒在慕尼黑发动了一场蓄谋已久的政变。这次被称为"啤酒馆暴动"的政变最终以失败而告终，而希特勒本人则在监狱中被关了一段时间。但是，他在这次事件中获得了全国性的知名度，而他的一名共谋者埃里希·鲁登道夫则在第一次世界大战中十分出名。

在监狱中，希特勒写下了他的政治宣言《我的奋斗》，并清楚宣布了他的核心信仰：对犹太人与共产主义者极端仇视，并试图为德国获得东欧地区的新领土（即"生存空间"）。

当权的纳粹党

一直到世界经济大萧条时期，希特勒及其政党依然是名不见经传的小角色。但是，在结合了较大的商业利益，并宣扬德国的问题是从海外带来的、德国深受《凡尔赛和约》之害之后，希特勒发现自己找到了更多的新支持。

1932年，纳粹党变成了德国国会中占最多席位的政党。在进一步的选举以及政治操控之后，希特勒被任命为首相，并于1933年变成了以兴登堡为总统的多党政府的领导者。

到1934年末，也就是在兴登堡去世之后，希特勒完全大权在握，变成了德国的"元首"，同时获得了总统与首相的职权；所有反对派的政党都被禁止活动；集中营、盖世太保以及警察等其他国家机器也被相继建立起来；德国武装部队的成员们都宣誓效忠于希特勒个人。

1934年，希特勒又在名为"长刀之夜"的纳粹党运动中再度确认了自己至高无上的权力。该党的左翼与政党的民兵（救世军或褐衫军）领导人，也在被杀害的名单之中。由海因里希·希姆莱领导的纳粹党卫军，获得了越来越重要的地位。对德国犹太人的"合法"迫害，在1935年纽伦堡法令通过之后如火如荼地展开了，该法令撤销了许多原有的公民权利。与此同时，犹太人开始遭受到越来越严重的暗杀与迫害。

侵略战：从亚洲到欧洲

在20世纪30年代，首先是日本，然后是意大利，最后是德国，一直都在通过暴力的方式去寻求获得新的领土。它们用完全冷酷无情的态度来为自己的侵略做辩护，这是在国际事务中非常罕见的，同时它们也配备了更强有力的新式武器装备。

有人或许会说，第二次世界大战是于 1931 年 9 月爆发的，当时的日本突然袭击中国的东北。这次袭击阴谋的策划者，是一名日本中级军官，他故意在南满铁路制造了一次破坏事件的假象嫁祸中国，当时的南满铁路归属日本国。东京的政府在此之后立即发动了大规模的全面进军。在此战争爆发的整个过程中，日本的陆军部与海军部（包括其所属的派系）是幕后的真正操控者。

1932 年 2 月，中国东北被日本人改称"满洲国"，组建受日本政府操控的傀儡政府。1933 年，经国际联盟的调查，最终澄清了明显的事实（即日本才是侵略者）之后，日本却以退出了国际联盟相对抗，并进一步增加了其军事预算。

纳粹的威胁

1933 年，德国也退出了国际联盟。从表面上看，这是因为其他国家否决了德国的军备裁减计划，但实际原因却另有所在。1935年，希特勒重新实施强制服兵役政策，并宣布组建一支德国空军部队，而这两项都完全违背了《凡尔赛和约》的内容。英国和法国以及在这个时期的意大利，都对希特勒的这些举动深表谴责，不过都是做做样子而已。后来，在同年夏天，在没有事先与法国进行商量的条件下，英国与德国签订了《英德海军协定》，允许德国海军扩张以及德国建立一支 U 艇舰队。

意大利是欧洲第二个做出行动的国家。在清楚本国资源不够丰富的条件下，墨索里尼的政府在其法西斯统治的头十年中并没有向海外攫取。不过，其早已牢牢控制住意大利在南非的现有殖民地。到 1935 年 10 月，意大利终于对埃塞俄比亚发动了蓄谋已久的进攻。截至 1936 年 5 月，意大利完成了彻底的吞并计划，虽然国际联盟对其进行了半心半意的制裁。

在这一事件的鼓动之下，希特勒于 1936 年 3 月派遣军队进入莱茵河地区，而根据《凡尔赛和约》的规定，这里是非军事化的地区。再一次地，英国与法国只是进行了一番简短的抗议。尽管有很多军中将领都持反对意见，但是希特勒依然采取了这一行动。在证实自己的贸然行动是对的之后，希特勒对这些将领的控制变得更加容易，而他对自己亲自做出军事决断的信心也更加坚定了。

1938 年 2 月，希特勒完成了对所属部队的完全控制，并解散了两位顶级将领，即战事部长与司令官，最后亲自执掌起最高指挥权。1938 年 3 月，希特勒的第二个步骤就是要将奥地利并入到德国的版图，于是便派遣军队跨越国境线。很显然，这并不是他的最后一个目标。

在中国的战争

在伪满洲国建立之后，日本关东军与中国军队在华北地区的边境线上发生了很多次冲突事件。1937 年 7 月，关东军假借北京郊区的卢沟桥发生枪击事件为由，开始了战争的全面升级。在上海附近地区，发生了激烈的战斗，并从当年的 8 月份开始一直持续了数月之久。最后，日本还是顺利进入了中国内陆，并于当年 12 月直指南京。在占领了这座城市之后，日本军队展开了一场大规模的大屠杀，并持续了数天之久的烧杀掠夺暴行。"南京大屠杀"在全世界范围内被广为报道，并受到广泛的谴责。

困难时期的美国和苏联

20 世纪 30 年代，美国和苏联都经历了社会、政治与经济上的大动荡局面。虽然采取了不同的办法，但是这两个国家都没有对来自于德国和日本的新挑战做出有效的回应。

20 世纪 30 年代，美国和苏联除了因为经济问题而焦头烂额之外，在如何做出回应的政治问题上也存在争议，美国人依然无法确信他们的国家在世界上应该扮演的角色：究竟应该充分参与还是袖手旁观？

苏联方面，其正在经历因自身原因而造成的十年创伤时期，而当时的经济则完全处于复苏阶段。

美国

1933 年 3 月，总统富兰克林·罗斯福举行就职典礼。当时，美国有四分之一的劳动力处于失业状态，而国内生产总值则只有 20 世纪 20 年代的一半水平。他的新政策包括了一大堆新举措，例如大众事业、社会福利与贫民救济、银行制度改革，等等。对罗斯福和美国人民来说，那个时代的当务之急肯定是国内的事务。

罗斯福的政绩让一些美国人为之称道，但也有另一些人对他表示不满。经济学家们依然无法确信他的政策究竟有多大实效，但是确定无疑的是，他通过种种方式极大提升了总统的职权与声望，并使其在接下来的十年中变得越来越重要。

多数美国人认同的是，他们的国家于 1917 年参与第一次世界大战是一个不明智的选择。他们觉得，他们的国家应该避免未来的冲突，特别是在欧洲方面。1919 年，美国拒绝参加国际联盟组织。1935 年以及后来的 1937 年，美国国会通过了中立法案，并试图确保美国不会再度被拖入到战争中去。

苏联

在 20 世纪 30 年代的整个历史时期，苏联与美国一样也是一个"向内看"国家，并且与美国相比面临着更加动荡的国内局面。政府的大规模工业化政策与农民土地的集体化政策，都开始推动实施。一方面，这些都奠定了工业发展的基础，使其能够在 1941 年抵挡住希特勒的进攻。但是在另一方面，其付出的代价是昂贵的，大约有 1500 万人死于谋杀或农村地区的饥荒。

苏联的庞大军事潜力是不言自明的，比如说在伞兵部队方面。而在后来的十年期间，米哈伊尔·图卡切夫斯基元帅就一直致力于制造新型的坦克编队，并与不久之后能在德国看到的那些不相上下。此外，工业化的进程也见证了军事装备数量与质量两方面的极大提高，特别是到 20 世纪 30 年代晚期的时候。

但是，图卡切夫斯基与多数高级指挥官，还有多半的下级军官们，都在大清洗期间被处死了。因此，苏联根本没有为即将来临的战争做好准备。

困难时期的西欧地区

在第一次世界大战中，英国和法国在击败德国侵略的战事中起到了主要的作用，但是惨重的伤亡情况以及随之而来的经济、社会问题也给两国深重的打击，因而它们更加不愿意再度重复这一过程。

在两次世界大战的过渡期间，很多英国人都将第一次世界大战视为一场错误的战争。他们认为，在对外事务之中，派遣一支大规模征募部队去参战并在一场大陆战中牺牲，这在历史上并不是英国习惯做的事情，因此也不愿意重蹈覆辙，尤其是越来越明显的事实证实，凡尔赛和约本身并没有最终解决欧洲的问题。而为了赢得第一次世界大战的胜利，英国的资源几近耗尽。在 20 世纪 30 年代的经济危机之中，英国政府也看不到希特勒在欧洲的崛起。

一些参战国也越来越强烈地感觉到，凡尔赛停战协议实际上是不公平的。一些人甚至觉得，让德国恢复其国际地位，并处于希特勒的领导之下，这样至少可以促使共产主义的威胁只局限于苏联一个国家。

总体而言，在 1939 年之前，英国一直避免与法国的紧密合作关系。这带来了双重效应：一方面防止了另一种"大陆义务"，同时也保持了与帝国自治领国家的关系，后者并不愿再度被卷入欧洲的麻烦。英国与法国的合作失败在 1935 年终于展现在世人面前，同年 4 月，在斯特雷萨会议上，英国加入了法国与意大利的行列，并共同谴责德国对《凡尔赛和约》的违反行为，但在两个月之后，却单方面与德国签订《英德海军协定》，并在该协定中允许德国做出进一步的违反和约的行为。

法国的不情愿

第一次世界大战给法国带来的人口与物质代价，都是巨大无比的。虽然在战争发生前，法国的人口曾一度被德国追上，并且法国的经济也谈不上如何繁荣。在两次世界大战间隔期间，人口与经济的继续低落进一步催生了政治上的不稳定，以至于政府组建了又下台，下台了又组建。法国于 1914 年全身心地投入到战争中去，并希望能够以此获得进攻上的优势。但是，到 20 世纪 30 年代，局势发生了转变，在危机中做出的任何形式的军事回应都成了不可能，除非法国能够寻求到一边倒的热忱国际援助。

侵占埃塞俄比亚与西班牙内战

1935 年，意大利对埃塞俄比亚的入侵，第一次清楚揭示了英国和法国已经变得多么软弱无能。而日本也已经证实了国际联盟的形同虚设，虽然日本侵略中国东北的行为遭到了国际联盟的谴责，但是其依然一意孤行、视若无睹。在英国和法国领导之下的国际联盟，对入侵埃塞俄比亚的意大利给予了制裁，但是在尺度上一点儿也不严苛。石油供应并没有中断，而意大利的军用运输船依然可以在苏伊士运河自由出入。不到一年，制裁又被撤销了，而那时候的意大利已经完全侵占了埃塞俄比亚。

意大利和德国曾经因为其不同举措所招致的反对声而紧密团结在一起，虽然这些措施最后被证明是毫无效果的。在某种程度上而言，这一过程得到了确证，并达到了下一个主要发展阶段，即于1936年7月开始的西班牙内战。

德国和意大利都给西班牙的右翼民族主义起义军提供了极大的援助。苏联则给西班牙的共和党人提供了相对较小的帮助，但是法国极左的"人民前线"政府则拒绝给出任何援助。英国对外部力量干涉西班牙内战做出了谴责，但是并没有对自己的言辞做出任何实际行动上的支持。

这场战争的另一个意义，就是各方都可以从中汲取很多经验和教训。法国和苏联获得的经验是，坦克在战斗中并没有像一些人原本想象的那么势不可挡；德国对局势有了不同的看法，尤其是利用西班牙作为测试的战场，从而对新式空战与地面支援技术事先予以评估。

在战争边缘的欧洲

英国首相张伯伦在从慕尼黑回来之后对外宣称"我们迎来了一代人的和平"，但现实却是，1938年和1939年都见证了希特勒残酷无情的对外扩张主义，并将欧洲逼到了一场全新的恐怖战争之中。

捷克斯洛伐克是从《凡尔赛和约》下诞生的新国家。截至1938年，该国大约有三分之一的人口都是说德语的人，并且主要居住在边境地区，即所谓的苏台德地区。在一段时间内，苏台德德国党在纳粹的支持下，一直在煽动与德国的联盟。到1938年，出现了一个新的危机，而其完全是由希特勒挑起的。

虽然捷克斯洛伐克官方机构不久便控制了局势，但是英国首相张伯伦却做出决定，一定要对这个问题找到一个永久性的解决方案。其实，明智的选择应该是英国和法国表现出坚定的立场，并敢冒着因帮助捷克斯洛伐克而引起战争的风险。而且事实上，捷克斯洛伐克军队在边境线的防御在当时还是十分坚固的，德国军队也尚未做好战争的准备。不过后来的局势就不再是那样了。相反，法国退出了这场战斗，张伯伦也选择了协商的方式。

慕尼黑协定

张伯伦飞往慕尼黑与希特勒会晤，并协商出一个方案，强迫捷克斯洛伐克放弃苏台德地区，因为那里的主要居民都是日耳曼人。因为没有英国的支持，法国几乎毫无选择，只得同意牺牲捷克斯洛伐克的这些领土。作为回报，张伯伦也让希特勒签订了一份态度暧昧的友好协定。在回国之后，他立即对外宣称自己已经赢得了"我们的和平时代"。他天真地以为，从根本上来看，希特勒还是一名比较理性的政客，因此会信守诺言。如果真的是那样，那么捷克斯洛伐克的问题就只是一个局部的问题，也并不值得挑起另一场欧洲范围内的战争。

1938 年 10 月初，德国进入苏台德地区，而捷克斯洛伐克的剩余地区则被分裂成三个自治的省区。在匈牙利之后，波兰在接下来的几周内也立即变成了争议的焦点地区。1939 年 3 月，希特勒继续大举入侵，并完成了对捷克斯洛伐克的占领。

到了此时，英国和法国才准备有所行动，因此它们发布了一份担保书来对波兰予以声援，因为其显然是希特勒的下一个目标。但泽（即格但斯克）这座城市的国际地位，以及将东普鲁士从德国主要部分分割出来的"波兰走廊"，一直以来都被德国的民族主义者们视为一种公开的侮辱。现在，希特勒强烈要求归还这些地方。

苏德互不侵犯条约

由于希特勒现在开始对东方虎视眈眈，苏联的立场变得十分重要。1939 年夏季，英国和法国又开始在莫斯科进行了半心半意的商谈。但是，这些努力并没有获得多少进展，特别是斯大林十分清楚如若展示出这样的态度，即一旦涉及在波兰境内的驻军问题，那么任何形式的联盟都是有条件的。

相反，在 8 月中旬，令世界为之震惊的是，苏联与纳粹德国这两大水火不容的冤家，竟然变成了盟友，并签订了《苏德互不侵犯条约》。

世界其他国家并不知晓的，是这场交易中蕴含的惊天秘密，即波兰被苏联和德国分割了，波罗的海国家与芬兰也失去了对苏联的独立性。

在那个夏天的更早之前，英国和法国终于开始了军事上的相互合作计划，而英国也开始在 5 月份实施征兵活动。即便是在这个最后关头，张伯伦依然寄希望能够从希特勒那里获得妥协和让步，从而避免战争的发生。

当《英波同盟条约》于 8 月 25 日对外公开宣布生效之后，希特勒犹豫了几天的时间，并将德国对波兰的进攻计划从原定的 8 月 26 日拖延到 9 月 1 日。但是，在 9 月 1 日的黎明时分，侵略战终于打响了。

第二章　希特勒初期大获全胜

在 1939 年 9 月至 1941 年秋季的整个历史时期，任何一位旁观者都不会赌除了德国之外的其他国家会赢得战争的胜利。德国军事胜利的大游行似乎是接连不断的，先后有波兰、丹麦、挪威、法国、荷兰、比利时、卢森堡以及巴尔干半岛国家，最后甚至包括俄国在欧洲的领地都纷纷处于了德国的支配之下。这一系列的快速胜仗，使希特勒在国内的地位变得不可动摇，并证实了他确实是一位军事天才。

英国在继续作战，也得到了来自于美国越来越多的支援。但是英国所作出的努力，却很难对德国造成什么实际意义上的打击。人们也无法知晓，苏联红军究竟能否从最近所遭受的毁灭性打击中恢复元气。同样，截至 1941 年年末，战争的残酷本性越来越暴露在人们的面前。纳粹德国与苏联都屠杀了数以千计的波兰人，而纳粹党还在继续大规模屠杀着犹太人，以及苏联领土上的其他民族。

但是，逆转的趋势逐渐被显露出来。美国开始快速重整军备，并一步一步参与到这场战争中来，虽然之后日本突然袭击了珍珠港。就在同一周的时间内，辛辛苦苦筹备出来的苏联预备队终于开赴莫斯科前线，并彻底阻止了德国人的进一步推进。

波兰的沦陷与欧洲战场的爆发

在与斯大林签订《苏德互不侵犯条约》之后，希特勒觉得自己没有必要再对侵略有所顾忌了。德国与苏联先后突袭并快速占

16

领了波兰地区，而英国与法国则毫无选择，只得向德国宣战。

第二次世界大战在欧洲战场的最早枪声，是在波兰的海军基地打响的。1939 年 9 月 1 日清早，德国的一艘海岸防卫战列舰石勒苏益格·荷尔斯泰因号突然开火。希特勒的德国空军在轰鸣声中袭击了波兰的空军基地，而德国的陆军部队则涌入到其边境线上。英国和法国的回应是向德国发出最后通牒，并要求其立即撤退。在德方不作出任何回应之后，两国只好于 9 月 3 日向德国宣战。

波兰运动

在这次突袭中，德国事先布置了 53 个师，其中包括 6 个坦克装甲师，而这些是当时德国的全部家当。陆军总司令瓦尔特·冯·布劳希奇元帅在控制着整个战事过程，并没有受到希特勒的太多干涉。一直到 8 月 30 日，波兰才开始了武装总动员，因此很多预备役军人尚在赶往所属部队的路途之中。波兰人大约配备了 23 个师，但其中的坦克数量非常之少。不过，他们拥有一支非常厉害的骑兵部队，虽然无法确定那支骑兵部队是否被用来与德国坦克相抗衡，并在不同地点都投入了这样的战斗。

在空战方面，德国的优势是相当明显的，因为其拥有大约 1600 架现代化的飞机，而波兰方面则只拥有 500 多架，并且多数都是快要被淘汰的类型。

在战斗人员、武器装备以及军事训练方面都有优势的条件下，德国人不久便占了上风。波兰军队总司令爱德华·斯密格莱·利兹元帅，下定决心要死守边境线的阵地。但截至 9 月中旬，波兰军队被迫分散为三个较小的部分，而德国人则逐渐将华沙包围起来。28 日，德军终于占领了华沙，并在一场毫无人道的炮攻与空中轰炸中结束了此次战事。

到那时为止，斯大林也一直在参与着当时的纵容政策。苏联军队于 9 月 17 日开赴波兰境内，这是根据其与希特勒签订的《苏德互不侵犯协定》所作出的行动；到 9 月末，苏联军队已经占领了多半个波兰。苏联的官方说法是，他们的介入是为了保护白俄罗斯与乌克兰的少数民族，但实际上却是在侵占这些领土。29 日，德国与苏联宣布了一项友好条约，并确定了对波兰的分割局势。

虚假战争

除了英国和法国及其不同的殖民地（这些殖民地在此事件中别无选择）之外，英国所谓的"旧自治领"于 9 月初的几天时间内迅速向德国宣战。但是，其中每一个都存在一定程度的保留。

比如说，澳大利亚政府也对德国宣战，开始招募新兵，但主要集中在国内防御方面。此项议程在国会经过探讨之后加拿大才做出宣战决定的，但并没有决定进行新的征兵活动。美国则宣布保持独立——毫无疑问，在这个阶段，多数美国人依然想远离在欧洲发生的这场战争。

虽然已经站在波兰一方卷入了战争，但是英国和法国并没有采取任何实际行动去帮助波兰人。此时，希特勒也对并没有使英法两国采取进一步举措而感到满意，因为在 9 月的时候，德国的西部力量尚显薄弱。英国政府的部长大臣们拒绝轰炸鲁尔地区的工业基地，因为这些工程都属于私人性质的财产；法国部队则只是试探性地向前推进到萨尔河的一小片地区。这场"虚假战争"在西部战线就这样进行着，一直到德国于 1940 年发动了全面进攻。

坦克，1939~1942

德国在战争早期的接连胜利，主要依靠坦克装甲师，坦克在战争中有了突出的地位，这是在之前从未有过的。

坦克，以及反坦克的新式武器，都属于陆战武器装备，也是第一次世界大战期间发展起来的唯一新式武器。1939 年，威力最强大的坦克多数会配备 37 毫米（2pdr）型号的射击炮弹，并可以得到厚度达 40 毫米装甲的保护。截至 1942 年，75 毫米规格的武器以及两倍的装甲厚度成为典型的配备。这些数字在战争的后期都得到了继续发展。

早期的坦克装甲车

纳粹德国的第一辆坦克，是在 20 世纪 30 年代中期建造起来的。这批坦克的类型是装甲战车 PzKpfw1 型，这是一种轻型坦克，并有两人操作驾驶的设计，唯一的武器装备就是机关枪。不久之后，这种坦克做了轻微的改进，变成了更具威力的 PzKpfw2 型。这两种坦克装甲车都被投入到 1941 年的战斗。1939~1941 年间，坦克装甲师中最好的坦克，是这一系列在接下来被改进的后两者类型。在早期战争期间，PzKpfw3 型出现在很多不同的作战地点之中。截至 1940 年 4 月，所有此类坦克都开始配备 3.7 厘米的主要枪击武器，但这先是被 42 口径 5 厘米炮所取代，后来则是更具威力的 60 口径 5 厘米炮。PzKpfw4 型原本是按照步兵战车的方向来设计的，因此刚开始的时候配备了短距离（24 口径）7.5 厘米炮；到了 1942 年，其 7.5 厘米炮早已变成了原来两倍的版本。在开战后的两三年之内，德国也开始使用捷克制造的坦克。PzKpfw38（t）型属于较为威猛的坦克设计，其与当时的 PzKpfw3 型有着类似的功能与威力。

在 1940 年面对着这些装甲编队的英国和法国坦克，简直是一种混合体或大杂烩，其中多数因为被分散在小规模的步兵中而遭到额外的掣肘。不同的法国设计样式，比如索玛 S–35 中型坦克，具有良好的武器装备，但是在实际战斗中却效果一般，因为其只有单兵操作的炮塔，指挥官不得不做出战略决定，同时还需要负责装载、瞄准和炮弹射击等事宜。

在战争爆发后的早期数年中，英国先后配备了轻型、中型和重型三种坦克。轻型坦克马克5和马克6,唯一的武器装备就是机关枪。因此, 它们在反坦克战斗中几乎是没有任何用武之地的。但是在法国, 这种坦克确实得到了广泛使用, 还有就是北非的早期战场。

中型坦克 (或巡航坦克) 源自于马克1号, 其最早是在1938年研制的, 后来发展到马克6型或巡航坦克, 后者是出现在1942年战场上的最后版本。所有巡航坦克都具有合理的武器装备和炮弹威力, 但是它们的动力引擎和奔跑传动装置却相当不靠谱。

重型坦克要显得更加优越一些。与多数巡航坦克一样, "马蒂尔达" 2型坦克便装载着同样的2pdr (40毫米) 机枪, 并装配有78毫米厚度的装甲,这便使其在1940~1941年的全盛时期,很难被击倒。其后继的型号, 即瓦伦丁步兵坦克和丘吉尔步兵坦克, 则显得更加威猛和可靠, 特别是在枪战之中。

美国的早期坦克, 就是M3斯图亚特轻型坦克和M3中型坦克, 也就是所谓的M3Lee坦克, 其在美军中服役时极负盛名; 还有就是格兰特坦克, 其与英国所使用的那种有着轻微的不同之处。斯图亚特轻型坦克装配有37毫米机枪和37毫米厚度的装甲, 在速度上更快, 在性能上也更佳。在升级到M5型之后, 其依然在1944~1945年得到了广泛的应用。Lee/ 格兰特坦克是一种过渡阶段的型号, 其对更早时期模型进行了匆匆的重新设计, 从而使其适应75毫米的机枪, 但是只位于侧面的突出炮座, 而不是一个独立的炮塔。这种坦克是在1942年彻底停产的。

苏联的高级坦克

最令人印象深刻的盟军坦克, 便是苏联红军的那些威武战车。战争早期的BT-7坦克, 在速度上特别快, 并搭载着合理配备的45毫米机枪。但是, 苏联坦克的下一代产品, 在当时那个年代里要比其他任何型号都有着最为精良的功能表现。首先出炉的是重型的KV-1型坦克, 其首度投入战斗是在1940年的苏芬战争。1941年,其 76.2 毫米的机枪以及 90 毫米的装甲厚度，要比德国人所拥有的任何武器都要更胜一筹。性能更佳的还有 T–34 中型坦克，有时候这种坦克甚至被誉为让苏联赢得这场战争的致命武器。对德国人而言，所幸的是他们在 1941 年终于设计出能与苏联坦克相抗衡但为数不多的两款坦克。

波罗的海与斯堪的纳维亚半岛

1939~1940 年，北欧的小国家继续陷入侵略战之中。1939 年 11 月，苏联袭击了芬兰，并于 1940 年吞并了波罗的海沿岸国家，而挪威和丹麦则在那年春天被纳粹德国所占领。

斯大林对其西方邻国的如意算盘，在苏联占领波兰领土的过程中首度露出了破绽。

与此同时，立陶宛、拉脱维亚与爱沙尼亚被迫在“友好”条约上签字画押，这便给了苏联在这些国家驻军的权利。1940 年 6 月，斯大林启用了这些条约，并开始派遣部队前往这些国家。1940 年 6 月，苏联又开始吞并布科维纳南部地区和比萨拉比亚地区（之前是罗马尼亚的部分领土）。这些地方也毫无选择，只得屈服于斯大林的最后通牒。

冬季战争

在波罗的海沿岸及斯堪的纳维亚半岛上的战斗，都属于扩张苏联势力范围大计划的一部分。与此同时，其还建立起一个防范德国人随时发起袭击的缓冲地带。在 1939 年 10 月签订的《苏德互不侵犯协定》之中，芬兰早已被列入了苏联的利益圈范围之中。斯大林开始了针对芬兰人的步步进逼计划。

他提出，芬兰让出其在南方的卡累利阿地峡以及在较远北方的领土，而作为对这些割让领土的回报，芬兰会得到它边境地区的中间部分领土。由于芬兰人对此做出了拒绝，11月30日，斯大林开始派遣苏联红军进攻芬兰。

芬兰人只有9个师，却要去对抗苏联的26个师，而且后者在空军支援、炮兵规模、坦克装甲车以及其他每一个方面都占有巨大的优势。但芬兰部队（训练有素，并且在滑雪板上具有较强的机动性）完全击败了苏联人，并一直持续到1940年2月。后来，苏联军队换了一名指挥官，即谢苗·铁木辛哥元帅，并在之后增加了援军，最终把芬兰人给击败了。3月13日，一份停火协议终于达成，芬兰人被迫割让之前被要求过的那部分领土。

这场战争经历了几次反复，也是国际联盟的最后一根"棺材钉"。苏联虽然被驱逐出国际联盟，但对这一严肃处罚不屑一顾。另外表现得尤为明显的，就是英国和法国的犹豫不决态度，他们一直在考虑是否要派援军去帮助芬兰人（可能会冒着与苏联开战的危险），但是却迟迟没有付诸行动，最后也悔之晚矣。

之所以帮助芬兰的部分原因，是因为德军跨越挪威之后可抵达那里，而英法联军可以以其阻断德国来自于瑞典北部地区的铁矿石供应。而其面临的困难则是，这些中立的国家都不希望有任何外国部队踏入其领土。最后，这场战争也让世人看清了貌似不堪一击之苏联红军的真面目，比如希特勒就将此铭记于心。

丹麦和挪威

苏芬战争的结果之一，便是希特勒开始清楚认识到，英国和法国依然计划干涉通过挪威而获得瑞典铁矿石资源的如意算盘。1940年4月9日，德国部队从陆上推进到丹麦境内，并从空中和海上同时袭击了挪威海岸线上的一系列阵地要塞。这两个国家都没有相当规模的武装部队，而西部盟军则意外地完全被歼灭了。丹麦在数个小时之内便被彻底占领。挪威虽然抵抗了两个月左右，但是战争结果一开始就被预料到了，因为德国在这个国家建立了空军基地，而这便抵消了英国在海军上的优势。

小规模的英法联军来到这里帮助挪威人在不同阵地进行顽抗，但是这些远征军在组织上却显得混乱无序。最后几次增援行动在 6 月上旬被撤销了，这是对当时在西部战线发生的灾难性事件所作出的无奈之选。

重型巡洋舰

第二次世界大战中的重型巡洋舰，是两次世界大战期间激烈军备竞赛的产物。日本还建造了特别巨大的战舰，明目张胆地违背了条约规定的限度，其他国家的海军则只得被迫跟进。

由于战舰设计要受到华盛顿海军条约及其他相关条约的严格控制，所以先进海军国家在两次世界大战期间的竞争主要集中在巡洋舰建设上，不论是装备有 203 毫米大炮的重型巡洋舰，还是更加轻型的 152 毫米枪炮武装巡洋舰。

在两次世界大战期间，对巡洋舰的"条约限度"规定是 10000 吨标准的排水量。日本、意大利和后来的德国都明目张胆地违反了这个数字约束，但是其他国家则通常都会循规蹈矩地遵守着。实际上，1 万吨与 203 毫米枪炮的限制性规定也是有点随意地达成的一项决定，如果要实现装甲保护与引擎动力之间平衡的话，很难根据这些数字建造起任何轮船。

条约型巡洋舰

日本和意大利是最早开始建造"条约型"重型巡洋舰的国家，时间是在 20 世纪 20 年代中期。日本的"古鹰"号，属于相对中型的设计，它有着 6 架独立的 200 毫米枪炮、合理配备的侧面装

甲以及 33 节船速，而其排水量是 7000 吨（实际上大约是 2000 吨
多一些）。

意大利的"塔兰托"号和"的里雅斯特"号巡洋舰也是相当快的，
并配有 8×203 毫米的枪炮。虽然它们的真实排水量大约都是 11500
吨，但是它们在制造方面还是相当粗糙。后来有四种意大利 Z 级船
舰倒是有了更好的武器装备，但是在速度上却要慢一些。

日本"古鹰"号的后继舰船也实际上完全违背了条约的限制性
规定。"妙高"级和"爱宕"级巡洋舰都完全超过了 13000 吨的标准，
并承载着 10×203 毫米的枪炮以及另一种重型鱼雷武器，其装甲厚
度最高可达 120 毫米。

与这些相比，英国和美国在两次世界大战期间的轮船，看上去
却相当逊色。英国也建造了一系列类似的战舰，主要集中在所谓的
"郡"级战舰上。它们都承载着 8×203 毫米枪炮，在排水量上非
常接近 10000 吨。它们还有着很好的射程和海上防卫质量，但在火
力上尚显薄弱，并且有着过高的侧影轮廓，这使其在实战中相当不
堪一击。20 世纪 30 年代早期，英国也建造了两种配有 203 毫米口
径枪炮的小型战舰，即"埃克塞特"号与"约克"号。但是，与其
他多数海军国家一样，也没在战争期间建造出超过 8 英寸口径标
准的重型巡洋舰。

德国则在一系列不同的限制性规定中运作，但必须遵守（一直
到希特勒将其废除）《凡尔赛和约》。20 世纪 20 年代下半叶，德
国获准可以对旧有的海岸防卫舰船进行更换，而这些旧战舰是在《凡
尔赛和约》允许之下配备的。

替换的舰船就是 PS 舰（装甲舰），其在不久之后被英国广播
评论员称为"袖珍战列舰"，但是却被誉为更好的重型巡洋舰，而
这也是它们最终正式被指定的用途。它们承载着两座三个一组的
280 毫米口径炮塔，船速可达到 26 节，但是在排水量上严重超过了

对外宣称的 10000 吨。据推测，它们的炮火威力早已超过了其他任何巡洋舰，并在速度上几乎可以超过所有战列舰。但是，这些舰船依然被认为是不令人满意的，因为它在开火速度上稍显慢一些，并且其动力引擎也不够可靠。后来三种德国 203 毫米装备的巡洋舰也被建造起来，也是属于令人生畏的大型轮船，但却因为差劲的引擎而麻烦不断。

美国人的设计

美国海军建造了数个级别的"条约型巡洋舰"。刚开始是两种"盐湖城"号巡洋舰，其在前、后分别配备了与众不同的双子或三子炮塔火力，当然三重炮塔的威力要比双重的更加厉害一些；但毫无意外的是，它们当然会显得有些头重脚轻。

美国后来的战舰，都变成了三架三重 203 毫米口径的炮塔，而这也被证实是更加合理的设计。除了让无数艘 203 毫米口径巡洋舰服役海上之外，美国的工业力量也使其得以完成了十几艘"巴尔的摩"级战舰在战争期间的建造。这些都使同样的主要武器装备保持在早期的 203 毫米口径标准轮船水平，但是在排水量上则增加到13600 吨的水平，从而使其配合额外增加的设备装置，而后者是根据战争经验不得不增添的内容。

法国的沦陷

法国军队一直以来都是欧洲地区最强大的，但是在 1940 年，它却在短短数周的战斗中被彻底击败。其中的原因包括士气低落，以及在面对凶恶的、蓄谋已久的敌人时缺乏英明的领导。

1940 年 5 月以前，虽然在西部战线并没有爆发过重大战役，但却布置了许多作战计划。希特勒早就想突破这条战线，最终他也批准了一个激进的作战计划，从而避免在进攻法国马奇诺防线的事务上陷入困境。其第二支主力部队向比利时和荷兰推进，并击败了这些国家，同时将英法联军部队牵制住，迫使其前来救援。接着，德国的主要兵力，在多数装甲师的领导之下，推进到阿登地区，并将盟军的前线部队一分为二。

盟军的策略依然是防守，并旨在等待英国海军将德军封锁堵塞的同时积攒起自己的力量。在遭到德军的袭击之后，其计划就是与比利时人和荷兰人组织起一道联合防线。不幸的是，其保持中立的"明智"态度与袖手旁观以刺激希特勒的做法，使比利时人和荷兰人都拒绝与英法联军并肩作战，因此整个如意算盘终于落了个空。

兵力的均衡

总体来看，如果加上荷兰和比利时，那么双方的陆军力量在1940年5月的时候，差不多是势均力敌的，双方都有30个师以及3000辆坦克。但是，盟军的武器装备被分散到小规模且不齐整的群体中，而德国的却集中在训练有素的装甲师部分。在空军方面，德国布置了3000架现代化战斗机，而盟军则只有2000架左右，其中很多都属于很古老的类型，这才是德军最关键的优势所在。

德国的大举进攻开始于5月10日。如德国人所计划的那样，他们的注意力首先被放在了北部地区。在几天之内，密集的空战袭击、伞兵部队作战以及地面部队的推进配合，将荷兰和比利时的兵力彻底粉碎。5月14日，荷兰宣告投降。英国和法国则给德国谋取了方便，虽然它们推进到比利时境内的部队是增援部队，但却依然无法守住阵地。

越过马斯河

与此同时，德国的主力部队已经抵达马斯河地区，于5月14日与15日越过了马斯河，并在不久之后奔向海峡。德军于20日抵达了海岸线，并将盟军部队拦腰斩断成两截，完全达到了他们的预期目的。不幸的是，法国总司令并没有积攒多少预备队来应付这一紧急情况。

在接下来的两周左右，在北方的盟军作战师被迫退回到一个更小的范围之内，就在敦刻尔克港附近。截至 6 月 4 日，在那里被疏散回英国的部队人数达 34 万之多，其中包括 12 万名法国人。英国不得不将所有武器装备丢弃在身后，而好几千法国士兵被掳为战俘。到那时为止，德军已经完成了队伍重组，并准备完成最后的收尾工作。5 日，他们沿着索姆河的战线开始进攻南方地区，并在不久之后势如破竹地快速推进。虽然在刚开始的时候遭到了残余法国兵力的誓死顽抗，但到 14 日，他们已经进入巴黎，16 日，法国政府宣布倒台。

法国的投降

新建立的政府，由菲利普·贝当作为领导者。虽然英国新任首相温斯顿·丘吉尔激励法国人要继续进行战斗，但是贝当及其内阁却决定请求停战和谈。6 月 22 日，法国正式投降。

轻型轰炸机、侦察机与通用飞机

有没有或者有多少武器配备，是这些飞机类型的特点所在。可笑的是，在这些设计中最不成功的案例当属轻型轰炸机，它是不带武器的侦察机，也是一种通用类型，因此具有非常小的杀伤力。

轻型轰炸机的种类，包括了很多种于 1939 年服役的不同设计，但是这些机型多数在不久之后便发现有着严重的缺陷。它们要么被更加重型的轰炸机所取代，要么就是被专门建造的地面袭击机器盖过了风头。

轻型轰炸机设计

1939~1940 年，英国和法国都拥有这种类型的飞机。费尔雷公司生产的战斗式轻型轰炸机曾经貌似是一种实力雄厚的设计，并且于 1937 年正式服役，但是到了 1940 年，其较低的速度和装甲保护的毫无配备使其最终走进了死胡同。

法国的 Potez-63 系列有着同样的缺陷，而 Breguet-691 则有了略微的改进，确实配备了实实在在的防御武器。Bloch174 侦察机的速度很快（530 千米每小时），并可以运载 400 千克的有效载弹量。但是在 1940 年 5 月，只有 50 架 Bloch174 侦察机在战斗中服役。在某种程度上，与英国一样，相对较小的法国航空公司的繁荣反而遏制了其充分的发展，也使其在战争前期制造出最佳设计的努力归于徒劳。

战争初期的苏联苏霍伊 2s 战机，与以上英法两国的类型有着类似的特征，并因为飞行员提供合理装甲保护而形成优势。但是，其中很多依然在 1941 年被更胜一筹的德国空军战机击落。

虽然这些"现代化"设计最后都只是昙花一现，其中一些看似也只是功能一般的飞机，不过它会在夜间发动偷袭，并执行类似的任务。这种类型的飞机还包括苏联的波利卡波夫 I-153（原本是一架战斗机的设计），以及德国的亨塞尔 123 型（专门是为执行攻击任务而建造的）。功能相对较弱一些的，是捷克 Letov S328，它可以追溯到 1933 年的时候。在 1944~1945 年期间，它依然被东部战线的一小部分空军使用着。

侦察机

很多知名的飞机类型，会做不同的改进，从而实现侦察的功能。以英国为例，喷火战斗机和蚊式战斗机都是为了实现这一功能而专门制造出来的版本。通常来说，它们都没有武器装备，但却有先进的引擎装置，此外还有精确的摄像机来实现周密安排的高级或低级任务。美国方面类似的产品，包括改装过的闪电战斗机和夜间轰击机。其中一些设计类型都会配备加压的机舱和其他装置，从而帮助它们攀升到极限高度，因为在那里它们就很难被拦截到。

只有一款以地面为基地的飞机类型，是专门为远距离侦察任务而建造的，即日本的三菱 Ki-46 "黛娜" 侦察机。超过 1700 架的这种飞机被生产出来，并可以达到超过 600 千米每小时的时速；航程方面则是令人称奇的 4000 千米。

专门为战略侦察任务而设计的为数不多的飞机，当属德国的福克沃尔夫 189 型，它曾经在东部战线上执行过很多次的任务。虽然其飞行速度相对较慢，但却可以通过其坚韧及极高的敏捷度安全返回。

通用设计类型

多数国家都拥有小型的轻运输飞机，其也会参与各项任务，比如在敌军领地的炮兵侦察与登陆搭载任务。

这些都可以在陆军或空军的领域找到，并可根据国籍查询。德国的隆美尔就曾使用过这样的机型，即一架 Fieseler Storch 轻型飞机，并乘坐其飞行过北非战场，还不时地实施登陆，从而对滞后的下属进行追赶。英国的威斯特兰莱桑德侦察机，时常会执行隐蔽的飞行任务，并将士兵载入法国境内。美国的类似产品包括泰勒飞机 L-2 蚱蜢式侦察机。这种飞机的关键功能属性，通常就是它们可以在不利地形中实现起飞与降落操作，但其没有一架是快速的，也没有太多的武器装备。

不列颠之战与闪电战

1940 年夏天，希特勒貌似是不可战胜的。但是，德国并没有彻底击溃英国，而不列颠之战可以被视为一个转折点。从那时开始，这场战争也从一场德国必胜的速战速决战，演化成一场持久战，开始有很多人相信纳粹德国最终会以失败而告终。

在敦刻尔克大撤退之后，法国被打败，英国军队实际上也接近缴械投降的现状，使希特勒以为英国早晚会投降。但是，在丘吉尔的激励之下，英国似乎早已为接下来的战斗做好了准备。7月16日，希特勒下令其武装部队开始为入侵英国做好筹备工作。而德国空军则早已对英国在英吉利海峡的船只发动了袭击，其目的就是想诱使英国皇家空军卷入战斗。由于英国的皇家海军在那时依然非常强大，而且德国海军在挪威战事中遭遇了不小的损失，因此赢得空中优势成为战争胜败的关键。

英国的死守

庆幸的是，英国早已做好了充足的事先准备。皇家空军司令部拥有900多架喷火战斗机与飓风战斗机，其中多数战机的生产制造是为了取代不可避免的战斗损失，不过训练有素的飞行员依然处于十分短缺的紧急状态。防御组织工作进展得十分顺利，雷达系统所提供的信息被反馈到控制站的网络，然后被用来指导战斗机投入实际战斗。

在当时，还没有其他任何一个国家拥有如此整齐划一的组织效率。德国人并没有认识到这个系统是多么坚不可摧，相应地，他们也并没有为通过对雷达与控制站的攻击来彻底瓦解敌人的力量做好足够的准备。

德国人也有数量相当的单发动机战斗机（梅塞施密特 Bf109 战斗机）来对付英国皇家空军，此外还有超过 1200 架双发动机的中型轰炸机。另外，他们还拥有梅塞施密特 110 战斗机和容克 87 斯图卡俯冲轰炸机，每一种都有 300 多架，但这两种机型在战斗中都表现得不甚理想。

　　当英国正在使用于数月以前便做好准备的防御系统时，德国则必须展开全新类型的战斗，这与早期的战事完全不一样，特别是在陆军进攻的配合方面。他们对英国皇家空军强大实力的了解十分匮乏，因此很难设计出行之有效的应对计划。

　　1940 年 8 月中旬，德军的全面大举进攻终于发动了。战斗双方均损失惨重，但是英国皇家空军在刚开始的时候占尽优势。接着，在 8 月末与 9 月初的几天时间里，德国空军改变了原有策略，专门针对英国皇家空军的前线战场逐步增加打击力度。这一转变使英国皇家空军的承受能力到达了极限，但是德军指挥官们却没有意识到他们马上就要赢得这场战争了。

　　9 月 7 日，德国再一次改变了策略，开始对伦敦实施一系列大规模的夜以继日的狂轰滥炸，反而使其于 15 日惨遭重挫。17 日当天，希特勒延迟了其原有的入侵计划。日间的攻击与空战继续维持了数周的时间，但是英国人最终赢得了胜利。

闪电战

　　伦敦所承受的严酷考验并没有就此结束。德国的轰炸机几乎每天晚上都会飞回来偷袭，数量最多可达 400 架或者更多，一直持续到 11 月末的时候。到那个时候，德军还攻击了一大群主要城市，包括考文垂、伯明翰以及其他地方。从 1940 年 11 月一直到 1941 年的 5 月，在这些进攻因为德国空军被转移到欧洲东部战场而暂时告一段落之后，主要目标变成了很多港口地区，比如默西塞德郡与克莱德赛德郡。英国人将这些进攻称为"闪电战"（其英文"Blitz"源自于德文"Blitzkrieg"）。

　　起初，英国的防御显得十分不堪一击，几乎没有多少对空机枪参加战斗，而配有雷达设备的夜间战斗机则只处于刚刚被开发的阶段。虽然局势随着战斗的继续有所转变，但是德军的伤亡情况依然很低。大约有 4.3 万名英国平民在闪电战中丧生，另有数万人变成了无家可归者，但是英国的抗战意志却几乎是不可磨灭的。

战斗机，1939~1942

在 1940 年的不列颠之战中，整个世界的命运完全依赖于双方的喷火战斗机、飓风战斗机以及梅塞施密特战斗机的质量好坏。在这些战斗中，空战中的优势简直成了至关重要的战争决定性因素。

与其他战争装备一样，战斗机必须寻求常规对抗质量方面的平衡：速度、爬升速率、机动性、射程、武器装备、保护措施以及其他方面。在整场战争之中，多数现役中的战斗机都是单活塞引擎、限载飞行员的单翼机。为数不多的几种双翼飞机和双引擎单翼机也被设计制造出来，但是总体上并没有被当作日间战斗机投入战斗之中。

双翼飞机

1939 年，一些国家依然在行动中使用很多双翼飞机，如德国的亨克尔 51 型和英国的格洛斯特角斗士式双翼战斗机。它们的典型特点是速度都很慢，而且在武器装备上都属于轻量级的。角斗士式双翼战斗机的时速是 400 千米每小时，配备 4 架步枪口径的机枪。但是，意大利却拥有数量相当庞大的菲亚特 CR32 型与 CR42 型双翼飞机，甚至其中一些一直使用到 1943 年意大利投降的最后一刻。

单翼飞机

这是那个时代的经典设计款式，就是喷火战斗机、飓风战斗机与梅塞施密特 Bf109 战斗机。它们的首度飞行都是在 1935~1936 年，并一直在战斗中持续服役。不过还是出现了经过较大改进的修改版，一直到战争结束。喷火 1 号要比 Bf109E（在 1940 年服役的主要版本机型）在速度上快很多，而飓风战斗机则要比上述两种都要慢一些。英国的这两款战斗机都要比 Bf109 型更具机动性，但是它们的 8×7.7 毫米口径机关枪，要比梅塞施密特的 2×20 毫米加农炮和 2×7.92 毫米机关枪逊色一些。梅塞施密特战机还有较高的爬升速率。

1941 年，后继产品 109F 型战斗机在性能上超越了喷火 5 号战斗机，为了弥补这一差距，后者被修改之后成了后来的喷火 9 号战斗机。不过从终极意义上来说，这两者之间的差距并没有多大，而主要由飞行员的驾驶技术与战术来决定成败。

对美国陆军航空队而言，战斗机却并非战前的首选，毕竟，不太可能出现对美国本土的空中打击。

寇蒂斯 P–36 与 P–40 战斗机在性能上其实一般，但却在英国和法国都服过具有重要意义的兵役。英国军队将 P–40 战斗机广泛应用于北非战场，并且分别使用过"战斧"和"小鹰"两种不同的型号，但却依然无法与 Bf109 相媲美。在后来的战争期间，美国陆军航空队的战斗机都具有较高的质量。

早期的苏联战斗机都是一种混合机型，并由于较低的生产标准和低水平的飞行员培训而使其情况十分糟糕。20 世纪 30 年代中期的波利卡波夫 I–16，在对芬兰的作战中获得了广泛使用，还有就是"巴巴罗萨"行动的早期。该战斗机具有较为合理的武器配备，但是 1941 年的生产标准依然使其速度较慢。LaGG–1 与 LaGG–3 战斗机，在建造过程有着与众不同之处，即其是由木头制造的，从而使其做工粗糙，但是在战斗中依然显得速度很慢。

苏联的米格 –1 和米格 –3 型号战机在较高海拔处依然表现出极佳的性能（对米格 –1 的开放式驾驶员座舱而言，这是一场严峻的考验），但是它们在其他地方依然让人感到失望。后来，不同款式的雅克系列战斗机开始设计建造。这一系列在 1942 年开始于雅克 –7 型新设计，其在后来战争的过程中，开始获得了更进一步较为成功的发展。

在战争早期，日本陆军的战斗机展现出与海军零式战斗机不相上下的特性（零式战斗机在陆地上也有着广泛使用）。它们优良的机动性，使其在面对更早款式战斗机时体现出较大的优势，而那些旧款是盟军在1941~1942年专门为太平洋地区配备的。但是，重量较轻的弱点以及对飞行员与油箱的保护不足，也在后来日益升级的对战中更加被突显出来了。其中比较出名的类型包括中岛 Ki-43"奥斯卡"与 Ki-44"东条"。

双引擎类型

或许，性能较佳的唯一双引擎日间战斗机，便是洛克希德 P-38"闪电"战斗机，它是自1941年投入使用的。该款战斗机的速度和较好的射程范围，意味着其将在轰炸机护航任务中有更好的表现。其他类型，比如布里斯托尔"英俊战士"战斗机或梅塞施密特110型战机，都缺乏日间空战所必需的机动性，但是在其他功能上却有着不俗的表现。

空战：武器、战略与王牌飞行员

一些理论家曾认为，空中对战是过去的事情，因为飞机的速度变得越来越快。相反，突发的空战及其延伸的空中战斗则在很多电影中上演过，而那些空中骄子即王牌飞行员则变成了人们仰慕的英雄。

在第二次世界大战期间，飞机自身的性能并不是空中对战是否胜利的唯一决定性因素。战斗机和轰炸机都开始有了更多的重型武器装备，而随着战争的推进，更好的战略也逐渐被发展起来并投入实战。

机枪与重炮

在 1939 年中使用的多数空对空武器，都采用步枪口径（大约是 7.7 毫米）的机关枪。一些战斗机，比如意大利的 CR-42 战机，则只配备两架此种武器装备；而轰炸机，比如德国的亨克尔 111 型，可能也只有 3 架而已，并且需要手动射击操作。战斗经验不久之后便证实，这还远远不够。空战的速度与当敌方出现在瞄准器上稍纵即逝的短暂瞬间，都使更大的火力配备成为核心要素。

英国人早已认识到，要击落德国轰炸机，必须找到更好的武器装备。起初，喷火战机与飓风战机都会配备八架机关枪，但是这也被证明是不够的，因为单单一个连射圈还是在火力上显得过于薄弱。

取代步枪口径武器的，是口径达到 13 毫米级别的重型机关枪，以及威力更大但是射击速度较慢的 20 毫米加农炮，此外还有更大的重炮。战争后期的美国战斗机，通常都会承载 6~8 架 12.7 毫米口径的机枪，并发现这样才足以杀敌。德国人在面对无数架盟军重型轰炸机的时候，偏爱于重拳出击，其配备的武器包括 3 厘米口径的加农炮以及高达 21 厘米无人控制的空对空火箭弹。

战争后期的轰炸机，比如 B-17G "飞行堡垒" 轰炸机，可能会搭载 13×12.7 毫米口径的单发机关枪，并设置在一群炮塔之中。即便如此，其威力依然不够，除非这些飞机与其飞行中队成员保持紧密的队形。B-29 "超级空中堡垒" 轰炸机索性向前更进一步，即使其所有炮塔都实现远距离遥控，而不再是挨个地手动操作。

战斗策略

在战争开始之时，英国的战斗机司令部对其所属战斗机空军中队做过密切指导，采取紧密编队及其他系列策略来袭击敌军的轰炸机。不久之后，这一策略被发现是非常危险的，而且不太实用。没过多久，所有空中力量都采用德国人发明的战斗方法，特别是他们在西班牙内战中采用过的那套战术，即双人编队与指尖（四指）

编队。

基本的单位，由一名领航员和他的僚机驾驶员组成。他们保持着相对密切的关系，领航员负责做出战术决定和多数的攻击，而僚机驾驶员的主要任务就是确保后勤不出什么差错。两组如此的双人编队，便可组成英国皇家空军所谓的指尖（四指）编队。之所以如此称呼，是因为这一编队在飞行时会摆出松散的队形，在外形上好像是一只手伸展开参差不齐的四指。

空军王牌飞行员

如在第一次世界大战中一样，所有国家的飞行员都会记录下自己"击落"的敌机数量，表现卓著的飞行员会被誉为"王牌飞行员"，或者用更加贴切的德文词汇来表达，即"飞行专家"。不同的空军部队，对评估空战胜败的具体方法是不一样的，比较现实的情况是，飞行员往往都会虚报自己击落的敌军战机，而实际上并没有那么多。这可能也是空战速度快且混乱的一种产物，故意的误导性虚报也是由此而生。但是，也有真实的情况，即对一些王牌飞行员捷报的审查，也有对其"分数"找到客观依据的。

到目前为止，分数最高的王牌飞行员，还是那些德国人。在所有这些人当中，分数最高的是一位名叫埃里希·哈特曼的德国人，一共击落过352架战机，而另外还有其他几十个人都号称自己曾经击落过上百架战机。这些较高的总体战绩，反映出这样的事实，即德国人不会将顶尖的飞行员排除出空战，因为空军部队才是他们最能发挥才能的地方。

这些人在东部战线的早些年间也获得了不小的战绩，不过那里的敌军战机与飞行员都相对较弱一些。在东部战线的空战之中，有一个令人好奇的事情就是，其中不少优秀飞行员竟然是女性。虽然这只在苏联出现过，但是这些女性竟然也成了为数不多的"王牌飞行员"。

英国的战争后方

虽然英国投入第二次世界大战的人数并没有像1914~1918年的第一次世界大战那么多,但是二战中的英国人却得到了更加完全的动员,他们要比其他国家的人们更加支持本国的战争事业。

虽然英国社会是很民主的,但是在第二次世界大战中的英国人的生活,在很多方面都会得到严格的限制。英国也将本国的更多资源投入到战争之中,这与其他国家相比有过之而无不及。

虽然与那些主要的轴心国相比,英国在最后遭到了相对较轻的轰炸,但是对空战的心理恐惧,从一开始就体现出非常严重的后遗症。在战争爆发的数周之内,超过80万名无人陪同的儿童从各大主要城市被疏散出来,被安排居住到陌生人的家庭之中,因为那里是更加安全的农村地区。其中很多在"虚假战争"期间折返回家了,但却又在闪电战期间再度被疏散,而在1944~1945年的纳粹V系列秘密武器袭击期间,如此的疏散过程一次又一次地上演。总算起来,大约有600万平民直接或间接地参与了战争。

空袭防范

不同的平民防御勤务组织,比如防空队员等,都由数以十万计的成员组成。公共的防空掩体或庇护所,纷纷在公园之中被建起或挖好;当空袭警报拉响的时候,伦敦人赶紧钻入管状的防空隧道;大约150万个家庭,都会建造自由灵活的家庭避难所,那就是所谓的安德森式家庭掩体;每个人都会在夜间自动实施灯火管制,虽然其对误导敌军轰炸机所起的作用并没有多少。

战争期间的很多创新,都是在紧急权力法案颁布之后涌现出来的,而这项法案是在1940年5月被议会通过的。这项法案使政府对生活的每一个方面都获得了"独裁"的权力。比如说，除了将男丁征召入伍之外，政府还可以直接命令平民身份的男男女女肩负起特定的工作任务，管控他们在那些工作之中的薪资水平，并禁止他们中的任何人离开岗位。

1940年5月，丘吉尔出任首相，他一改英国之前那种毫无斗志的局势，组建了一个联合政府，并将劳工党和自由党的成员都包括进来，但主要还是从其所属的保守党中抽调主力。政府对人力、食物、燃料以及其他各项都进行集权化的统筹计划安排，几乎会介入到日常生活的方方面面。若要对其进行完全的控制，行政事务必须在规模上予以加倍扩大。

食物、燃料、衣物以及其他商品的配比，是战争中最具影响力的方面。在战争爆发后的最初几个月内，汽油配比制被引入进来，而到1940年，其范围遍及肉类、黄油以及添加的糖类。主要食物，如面包和马铃薯，则从来没有实施定量配给制。"耕耘胜利"生产运动鼓励人们去种植属于自己的食物。工厂生产的军用炊具，虽然在战争之前相对不太常用，但是也开始为人民提供像样的三餐。黑市自然而然也在其中酝酿发展起来，但是总体而言这一系统还是顺利地展开工作，并且似乎是公平的。毫无疑问，另一个真实的情况是，最贫穷的人（如在战争前几年中失业或原本就生活拮据的人），却在战争期间能够三餐吃饱了。

贝弗里奇报告

为未来设计一个更好的计划，成了当时的一大主题潮流，虽然当时对能否赢得这场战争胜利依然无法确定。1942年12月，贝弗里奇报告提出了"社会保险"的宏伟计划，并旨在解决失业问题并提供医疗保险。这些以及其他新发展，都体现在"二战"结束之后的所谓福利国家之中。

总而言之，在1945年时，人们普遍觉得，他们的国家正在顺利地运转。他们第一次并肩站起来与希特勒对峙，并通过团结统一的有目的方式与其作战。他们对未来充满了热忱的希望，虽然并不是所有一切都会实现。

中型轰炸机，1939~1941

不论是去援助地面攻击，还是去执行更远范围的战略攻击，战争早期的轰炸机都不遗余力地去争取在各个相互冲突的方面获得平衡，其中就包括飞行速度、载弹量、射程以及防御装备等。

对于一架飞机在什么时候会变成一架轰炸机，而不再是近距离援助或地面攻击的机器，并没有一个准确的定义。但是，本节所提及的"中型轰炸机"概念，指的是双引擎或三引擎的战机设计，其在当时被所有空中部队加以利用，从而执行部分或全部的远距离军事任务。

战争之前的空中部队，几乎都会认为，每一架都只搭载三架机关枪的轰炸机编队，完全可以进行对敌方战机的自我防御，然后在日间或夜间继续执行准确的军事目标打击。但实战经验证实，这些不真实的想法是不攻自破的，除非碰到极个别的情况。

闪电战时代

在战争爆发后的前几年，德国的空军部队看似拥有世界上最强大的轰炸机群，其中包括三种主要的类型。道尼尔 17 轰炸机和亨克尔 111 轰炸机，都是在西班牙内战期间首度投入使用的，当时，它们自身的速度与敌方的缺点，简直使其成了不可战胜的神话。但是在不列颠之战中，这一点却没有得到验证。在不列颠之战中，它们较弱的防御装备及其普普通通的载弹量，被更加突显出来。第三种类型，就是稍晚出现的容克 88 中型轰炸机以及升级后的道尼尔

217 型，这两者都是更具战斗力的空中飞行器。

同时代的英国战机设计，也存在着自身的缺陷。比如说，布里斯托尔布伦海姆 IV 型就拥有最高达 428 千米每小时的速度，但却只能运载 455 千克的炸药。布伦海姆及其更大型的相同系列战机，都没有很好的防御能力，虽然其中更大一些的战机还包括英国在 20 世纪 30 年代中期的新产品，其拥有动力操作的炮塔。其中最不令人满意的，当属汉德利·佩季公司出产的汉普敦式中型轰炸机，其在早期的日间战斗中损失惨重，并且在夜间的战略轰炸中缺乏足够的射程。更大一些的阿姆斯特朗－威特伍斯公司出产的惠特利式重型轰炸机，则可以承载更多一些的载弹量（最高可达 3175 千克），但是到 1943 年末的时候，其不再被投入到最前线的战斗了。维克斯公司出产的威灵顿式重型轰炸机要更好一些，其采取非比寻常的网状内部结构，从而使其获得了巨大无比的战斗力，因为可以实现合理的载弹量与飞行速度。

虽然在 1939~1940 年间遭遇败仗，但盟军一方不同的空军部队都拥有具备某种潜力的战斗机，只是这些战机在数量上无法满足战斗需要而已。波兰航空工厂生产的 P-37 轰炸机飞行速度相当了得，并且实现了射程与载弹量的完美结合，但是在服役中，为数不多的该类战机很快就因对方处于压倒性的优势而被摧毁了。法国的法尔芒 F223 战机与卢瓦尔奥利维尔 45 战机，都有着令人咋舌的不俗性能，并且在 1940 年的战斗中顽强作战。

不同的美国战机设计，也在 1941 年 12 月之前与英国或法国部队一起并肩作战过。其中最重要的，就是道格拉斯 A-20 战机，其另外的名称是波士顿战机或夜间轰击机，并且破例地在苏联军队中也有着相当的数量。

地中海

1940 年，在意大利军中服役的战机类型，基本上与之前曾经在埃塞俄比亚和西班牙战争中使用的那些毫无差别。它们在当时具有良好的性能，但是意大利却在缺乏资源开发出替代产品的同时，参加了这些战斗。三引擎的萨伏亚－马尔歇蒂79式"食雀鹰"中型轰炸机以及菲亚特BR20"鹳"中型轰炸机都属于此种类型，不过CANT Z1007"翠鸟"轰炸机在性能上更佳。

很多的美国战机，也出现在英国于地中海地区的军队之中，其中最出名的是马丁A-22马里兰型轰炸机及其后来的改进系列，即A-30巴尔的摩型轰炸机。但是在美国陆军航空队，这两种机型从未被投入过实战。

远东地区

日本的陆军与海军，都拥有以陆地为根据地的轰炸机。这些机型在20世纪30年代的中国战区打了不少胜仗，并在太平洋战争的较早阶段继续投入使用，但却被证实无法抵抗住盟军战斗机的炮火。这些旧式的类型包括三菱Ki-30"安"轻型轰炸机与川崎Ki-32"玛丽"轻型轰炸机。

三菱Ki-21"萨利"，是20世纪30年代后期的陆军设计机型，其在各方面都可以与西方的同时代机型相媲美，其后来的版本更被改进了防御装备。海军部的三菱G3M"内尔"与G4M"贝蒂"，都有着较远的射程，但是G4M机型在防御上显得特别薄弱。

大西洋战争，1939~1941

从战争爆发的第一天开始，一直到战争的最后一刻，U艇和盟军的反潜艇部队一直在海上较量。大西洋战争是第二次世界大战中最漫长的一场战争，如果希特勒赢得了该场战争的胜利，那么他差不多就可以确定无疑地赢得第二次世界大战的全面胜利。

英国的大部分粮食都是靠进口，甚至连石油及其他对战争而言至关重要的物品都是如此。此外，英国军队所需要的物资供应，必须通过海运完成运输，假若英国要与敌军展开战斗的话，由于这种运输方式只能选择海运并从英国的港口出发，因此大西洋自然变成了争夺的重点。

德国的威胁

1939 年，德国的海军还处于准备不足的状态，只有几艘威力强大的水面舰艇和一小支潜艇支队。从 1941 年春天开始，德国 U 艇的战斗力才有了巨大的提升。在战争开始的前一两年之中，德国三分之一的鱼雷都没有顺利爆炸，这显然使很多次袭击任务失败了。

在吸取第一次世界大战经验教训的基础上，英国早已设计了一种护航制度，从而保护商人，但在刚开始时并没有多少艘护航的舰船，并且只是在不列颠群岛几百千米的航程范围内执行护航任务。虽然这些护航舰确实配备有潜艇探测器（即后来所谓的声波定位仪）来探测在水中潜伏的潜艇，但刚开始并没有专门用来实现护航保护目的的雷达或其他有效策略。英国有几架飞机是专门用来执行海上任务的，一直到战争爆发很多个月之后这些飞机依然并没有配备雷达设备，从而也无法在海面上发现任何一艘潜艇，也没有任何武器能够给潜伏在水中的德国 U 艇以打击，因此，德国水师与 U 艇力量一直到 1940 年 6 月均大获全胜。

"欢乐时光"

1940 年，法国的沦陷给战局带来了极大的转变。在投降的数小时内，德军 U 艇舰队的统帅卡尔·邓尼茨海军上将，便将战备演习推进到法国的大西洋港口，这要比德国之前的基地多出了更近的几百千米护航线路。U 艇船员所谓的"欢乐时光"马上就要开始了。一直到 1941 年春天的时候，一系列 U 艇的指挥官开始被誉为"王牌驾驶员"，因为德军在击沉一艘艘敌方战舰的时候，自己几乎是毫发无伤的。

那时候使用所谓的"狼群战术"，其中的第一艘舰船会观望一支护航队，会给U艇指挥中心发送信号，然后由U艇指挥中心安排一群舰队进入攻击阵势。接着，在夜间的时候，U艇会浮到水面，就位于护航队的舰船之中。由于没有雷达设备，因此几乎不可能探测到一艘潜于水下的U艇。U艇可能会用鱼雷攻击敌方舰船，然后消失于黑夜之中。在这个时期，德国人还在密码破解的竞争中占尽上风，他们自己的情报依然安全无误，但是很多英国的情报却泄露了护航线路。

到1941年春天，盟军的局势有所好转。英国开始破解U艇的密码，护航战舰在数量上也有所上升。支援飞机的护卫队及其船员，开始配备有效的雷达设备。而美国也开始扮演更加积极主动的角色，虽然在表面上依然保持中立的态度。

1941年4月，罗斯福总统将泛美中立区予以扩大，并在7月的时候下令美国海军陆战队占领了冰岛，在其间航行过的任何国家的轮船，都会得到美国海军的保护。到1941年秋，美国人在不列颠附近的战场上硕果累累，并组建起更加庞大的皇家加拿大海军。虽然在1941年下半年的时候，盟军船只的损失得以急剧下降，但是其中的明争暗斗显然并不会轻易结束。

反潜艇护航舰队

专门为执行反潜艇任务而设计的轮船，并不需要有多大或有多快，也不需要搭载很多的武器装备。相反，英国和美国的舰队，建造了数百艘结实、耐用的小型轮船，可以让敌军的潜艇部队付出极大的代价。

在所有国家的海军当中，主要的反潜艇舰船通常是驱逐舰。但是，这些驱逐舰造价昂贵，并且在设计上强调速度和反舰船的武器配备，而不是耐用性和反潜艇武器。在第二次世界大战中，大量的小型且通常时速较慢的轮船被建造起来，其在设计和配备上主要或专门会考虑到反潜艇功能。

日本的落伍

在这一方面，主要的实施者们都是英国人或美国人（他们会给其他盟军海军提供舰船和设计，不过有时候也会互相使用对方的设计）。其他肩负起大型远洋航行任务的海军，如日本海军，则显然在这次较量中遭遇失败，特别是在护卫商船的安全方面。这个问题的原因有两个：第一，不论在战争发生前还是战争发生期间，日本的注意力都集中在针对敌方战舰的进攻操作方面；第二，他们在开发雷达系统和声呐设备方面投入甚少，而这却是反潜艇战争的核心要素。一些日本的护卫队，一直到1942年年末的时候，都还没有配备水下传感设备。而就在该年，日本海军刚下订单购买了8艘护卫舰。与此相比，英国皇家海军则建造了大约600艘护卫舰，其类型也是战争中的主流产品，而美国海军也生产了更多的护卫舰。

较为重要的英国护卫舰类型包括："黑天鹅"护卫艇、"狩猎"级护航驱逐舰、"湖"级和"河"级护卫舰以及"花"级与"城堡"级轻巡洋舰。"狩猎"级与"黑天鹅"级，都是根据标准的海军要求建造的，因此当然是规模更小、时速更慢的驱逐舰。"狩猎"级（共建造86艘）的排水量略微超过1000吨的标准，时速可达27节，并配有4或6×102毫米的火炮，其中一些还搭载3个鱼雷发射管。数量更少的"黑天鹅"级轮船也被建造出来，其在规模尺寸与武器装备上均类似，但是在最高时速上略慢一些（20节），但换来的则是更好的耐用性。

其他的护卫舰级别，并不单纯继承了海军的传统，而是在设计上更加适合毫无经验的船厂来建造，并且使用商船的发动机。此外，"花"级是所有护卫舰之中数量最多的级别（共建造 267 艘），拥有船体线型，并基于平民用的捕鲸船设计。

"花"级护卫舰，只有一架 102 毫米口径的火炮，并没有较好的反潜艇武器和传感器。缺点在于，它们的速度很慢（浮在水面的 U 艇只要达到 16 节的速度便可超过它们），而且在恶劣的天气中会让船员感觉不适，而北大西洋的冬天经常会出现恶劣天气。下一代数量较多的类型，即"河"级护卫舰，在规模和性能上非常接近"黑天鹅"型，但却适合在普通船厂中建造。美国海军的"塔科玛"级，也与其十分类似。

美国海军的类型

美国在护卫舰方面的生产，数量相当庞大。一共有着 6 个级别的驱逐护卫舰，总共建造了 400 艘，与英国的"狩猎"级有着类似的规模与性能表现。在这之中，自 1943 年 4 月以来一直服役于美国海军且数量最多的是"巴克利"级护航驱逐舰。这种类型的舰艇中，"英格兰"号曾经在 1944 年 5 月取得击沉 6 艘日本潜艇的史无前例的赫赫战绩。

其他美国护卫舰还包括了一大群规模更小的类型，通常都被描述为潜艇驱逐舰。这些之中的很多都服役于美国海岸警卫队，虽然规模较小，但它们也在战争过程中击沉过 60 艘潜艇。

地中海战场，1940~1941

在敦刻尔克被赶出欧洲大陆之后，英国将精力集中在地中海地区，并在战争初期不断攻击轴心同盟——意大利。1940 年 6 月，墨索里尼的宣战在不久之后看似是不明智的。

1940 年 6 月，法国即将面临崩溃的边缘，墨索里尼终于向盟军宣战，并决定不放过任何一份应得的战利品。1939 年春天，意大利在不费一兵一卒的情况下吞并了阿尔巴尼亚（阿尔巴尼亚曾经被英国视为当时依然尚在实施之中的绥靖政策的一部分）。接着，在 1940 年的夏天，墨索里尼向希腊挑起了事端，而后者曾经一直试图停留在战争之外。10 月 28 日，意大利军队从阿尔巴尼亚出发，跨越了边境线，但是他们向希腊的推进在不久之后便遭到搁浅，并被希腊军队打了回去。截至 1941 年 3 月，阿尔巴尼亚的一半地区都处于希腊的控制之中。

意大利也在北非地区拥有庞大的驻军，主要在其殖民地利比亚，此外还有在东非地区的意属索马里和埃塞俄比亚。1940 年 8 月，来自埃塞俄比亚的意大利军队占领了英国和法国共有的索马里。接着，在 9 月的时候，意大利的第十军从利比亚出发，推进到埃及地区，但也遭到阻挡，并在推进一小段距离之后寸步难移。

在所有这些战斗之中，意大利军队的不堪一击简直是不言自明的。整支部队在总体上并没受过良好的训练，在领导上也有失误，并且也没什么斗志。其在陆地、海上以及空中的设备，都存在很多缺陷与不足，其坦克部队也是相当脆弱，双翼飞机也早已过时，海军炮弹在射击上又不甚准确，等等。

意大利的溃败

意大利最令人瞩目的大败仗，发生在北非的沙漠地区。截至 1940 年 12 月，英国在埃及的兵力已经准备对意大利的推进行动做出回应。在两个月之内，意大利的第十军被驱赶回阿尔－阿格海拉，并付出了 13 万名战俘的巨大代价，而英国方面只牺牲了 550 人。但是，英国的局势变得更加没有安全感：其部队早已撤回到东非地区，其他方面则在不久之后前往希腊地区。

击败隆美尔

在盟友意大利战斗失利而遭致尴尬境地之后，希特勒于1941 年 2 月派遣了一位野心勃勃的年轻将军，名叫埃尔温·隆美尔，前往利比亚地区，并带领一支小规模部队去堵截英军的进一步推进。

隆美尔亲眼目睹了英军前线早已变得不堪一击，因此在 3 月末的时候发起了进攻。在一个月之内，英军被一路追赶，并一直驱赶回埃及原地，而其破旧的坦克很容易便被德国的高级装备击溃。英国发动的两次小规模进攻，分别是在 4 月末与 6 月份，也以失败而告终，这再度验证了德方更胜一筹的战斗能力。

对盟军一方而言，所幸的是，在他们发动的战斗中，有一场战役取得了伟大的胜利。在 1941 年 1 月至 2 月期间，早已驻扎在苏丹和肯尼亚地区的英国、印度以及非洲部队，继续向埃塞俄比亚和意属索马里发起进攻。意大利部队的多数，都在 5 月时被击败。不过，其最后的投降一直到 11 月才最终实现。

在海上，英国的士气也得到了提升，因为在与强大的意大利舰队的交战中，英方也大有斩获。早期的遭遇战都发生在英国那边。1940 年 11 月 11 日，一场由位于意大利在塔兰托基地之航空母舰战机所发动的夜间空袭，严重挫败了三艘英国战舰。英国位于马耳他根据地的部队，接着就可以进一步向意大利与北非之间的物资供应线路发起频频进攻，这在很大程度上要归功于英国人在沙漠地区的胜利。

1941 年 3 月，马塔潘角海战再度证实了意大利舰队的不堪一击。三艘意大利的重型巡洋舰被擒获，并在试图逃脱海军上将安德鲁·坎宁安爵士那支地中海舰队的时候，沉船殒命。虽然英国海军的实力在接下来的数月之中有了急剧的下滑，但是意大利人已不可能在海上制造大麻烦了。

巴尔干半岛与北非战场，1941~1942

1941 年，希特勒在巴尔干半岛地区建立了一个看上去像安全控制区的军事地区，从而保护其南部的侧面不会遭到苏联方的偷袭。在北非战场的形势转变，使英方重新在 1942 年年中的时候在埃及进行了誓死的抵抗。

希特勒在 1941 年的主要计划，就是向苏联发动进攻，但是他也希望能够确保德国对于南欧地区的控制大权。1940 年至 1941 年冬天，匈牙利、罗马尼亚和保加利亚等国都在实际上与德国结成联盟。但是，希腊却在与意大利的交战中逐渐占据上风，并开始获得英国方面越来越多的援助。这给英国在希腊根据地的空军带来了一丝希望，并且在打击范围上也相对较为容易，而罗马尼亚的油田在当时是德国的主要依赖。

自 1940 年末开始，德国人只好准备一场针对希腊的战争。在1941 年 3 月末，当南斯拉夫政府在多重压力之下，似乎要准备加入德国的集团组织时，一场军事政变彻底使局势发生逆转，暴怒的希特勒立即下令发动对南斯拉夫的进攻。

无论在空中，还是在地面，德国人都为他们的进攻布置下几乎不可阻挡的兵力。对南斯拉夫的打击，在 4 月 6 日的贝尔格莱德呼啸的空袭声中揭幕。而全面的陆上进攻则从罗马尼亚发起，时间是8 日当天，在接下来的几天中，来自于匈牙利和奥地利两国的集中进攻也加入到其中。南斯拉夫没有发起多少抵抗，很快被迫同意于17 日达成停火协议。德国方面在这场战事中的伤亡人数，都没有超过 200 人。

截至 1941 年 4 月 6 日，英国的战斗师与支援部队早已被派往希腊地区，这便使北非地区的英国兵力遭到严重削弱。但是，由于多半希腊军队已经投入到阿尔巴尼亚的前线，而剩余力量相当薄弱，所以不太可能组成联军而对德国人形成长期的抵抗。截至4月末，希腊大部都已经被侵占。这次运动的最后一项行动，便是德国空军于5月20日~31日对克里特岛的占领。

沙漠战争

1941年上半年，在多次战败之后，英国驻扎于北非地区的部队一直到11月，才开始准备好新的进攻。他们开始了横跨国境线的推进，并于18日从埃及进入利比亚地区。

在接下来的三个多星期内，一系列令人困惑不已的战略调动与坦克战接连发生了。盟军在数量上的优势，由于指挥失当而遭到削弱，但是疲惫不堪的德国军队及其意大利友军最终不得不撤退。跟以前一样，这意味着放弃所有通往苏尔特湾阿尔－阿格海拉地区的线路，而隆美尔就是在12月底抵达那里的。

但是，战争的天平不会轻易偏向任何一方。德国在地中海战场的空军实力又一次开始增强，而英国的海军实力则到达低谷，同时，隆美尔的物资供应很快得到了改善。在陆上，多半英国兵力被分散开来，而其原本应该运往北非战场的物资和部队，却被派去抵抗日本在太平洋战场中的进攻。在一个月不到的时间内，隆美尔结束其撤退之后，英国又再度发起了进攻。

德国的新推进计划

在第一阶段，即以1942年2月初为终结点的阶段，英军被迫退出了他们刚刚占领不久的多数阵地。接着，在一场开始于5月26日并维持了三周的战役中，英国人在所谓的甘扎拉防线上的防御完全被摧毁，虽然其由精良的兵力把守着。托布鲁克曾经在隆美尔的第一次进攻之后从长期的围攻战中幸存下来，但这一次却很快被占领，因为良好的物资供应帮助隆美尔的"非洲军团"顺利突破了埃及地区。在一次杂乱无章、惊慌失措的撤逃之后，英军在一个无名的铁路站稍作停顿，那个地方就是阿拉曼地区，时间是 7 月初。隆美尔最后丧心病狂地发动进攻，在阿拉曼的第一场战役以双方都付出很大代价而暂时告一段落。现在，双方都需要驻扎下来重整一下自己精疲力竭的军队。

鱼雷艇与袖珍潜艇

这两种战舰分别是服役于任何海军之中最快与最慢的两种类型，但它们都有一个共同的性能：都能击沉敌军任何规模的舰船。

袖珍潜艇的受害者，包括太平洋战场与欧洲战场之中的数种战舰与巡洋舰。鱼雷艇也摧毁过很多的巡洋舰与小型战舰，更重要的是，在所有战争中针对不同种类的运输船的战斗里，它都取得过无数胜利。

鱼雷艇

鱼雷艇的长度从 24 米至 34 米不等，曾经在第二次世界大战期间服役，主要用来搭载一对鱼雷发射器及一系列 20 毫米口径或类似的机枪及其他轻型武器，可以达到 40 多节的最高速度。多数海军战舰主要使用汽油发动机，但是德军却独树一帜地使用柴油发动机。德国人还与众不同地设计出一种船体线型，而多数其他鱼雷艇则都跟风。是一种平底的风格设计。

德国的鱼雷艇，称为"快艇"，它们的船体外形在更加恶劣的条件中被证实具有更佳的实力，而这是鱼雷艇经常会遇到的一个问题。它们的柴油发动机也没有什么噪音，因为其可以将废气排放到水底，并且在任何情况下都不会意外起火，即便是在战斗中遭到破坏，这是汽油发动机所不能比拟的。还有其他不同类型，全部都要比多数的盟军设计显得更大些，并且在战争后期配备了一架双 2 厘米与另一架单 3.7 厘米机枪，此外还有一些机枪和标准的一对鱼雷。

美国的同等武器（也在英国得到了广泛使用），即"鱼雷巡逻艇"（简称"PT"），主要来自于希金斯与爱尔科公司。

在数种稍有不同的爱尔科公司舰艇之中，最常见的是 24.4 米长，搭载 4 个鱼雷发射器、一架 20 毫米或 40 毫米步枪与无数架机枪的型号。希金斯公司的舰艇，在长度上稍短一些，并且在速度上也慢一点，但却是适合海上航行的舰艇。它们最大的优点并不在于对大型战舰的猛烈攻击，而是在针对日本物资运输船与太平洋浅岛中类似舰艇时，所展现出的灵活优势。在那些地方，更大型的盟军轮船根本进不去。

袖珍潜艇

英国、德国、意大利和日本是袖珍潜艇的主要使用者。意大利和英国曾经成功使用过"人体鱼雷"，即让"蛙人"骑上鱼雷似的小艇，然后缓慢接近一个敌军的抛锚地点，从而将炸药系在目标物之上。英国还额外拥有一种 X 侏儒潜艇（X-craft），其外形更像小型的传统潜艇，并搭载着大量的炸药，足以放置到抛锚敌军战舰的底下。德军战舰"提尔皮茨"号，于 1943 年在阿尔滕峡湾的一次攻击中便遭到了这种侏儒潜艇的轰炸。

其他袖珍潜艇完全依赖于火力威猛的鱼雷。其中最小的，是德国的"貂"型和"黑人"型，其实际上属于有人操作的鱼雷，并且还有悬挂于底部的武器装备。更大一些的，是"海狗"型，这是一种双人驾驶轮船，其有着两颗悬吊的鱼雷。这些以及其他几种德国类型，也有着小规模的数量，并且也获得过零星的战斗胜利。

1941 年，日本有 40 多架袖珍潜艇，其中就有甲标的特战潜艇。

它们大约有 24 米长，并搭载有两颗鱼雷。它们在珍珠港的攻击中不太成功地使用过，并且还在澳大利亚的悉尼投入使用过。但是，它们确实给破旧的英国战舰"拉米利斯"号造成过损伤，那是在马达加斯加的一处港口。它们会被更大的潜艇（"航空母舰"）运载到所有这些目标物的近距离处。

自杀式武器

日本建造过无数的自杀式水面与水下潜艇。超过 6000 艘"神鹰"号摩托艇被建造完成，并投入针对不同美国军队的战斗之中。但是，这些小型的舰艇依然没什么用，其中很多都被鱼雷巡逻艇追击并击沉。能够投入使用的唯一一种潜艇武器，当属"回天"，其是一种"长矛"型鱼雷弹，在经过改进之后可以由一名船员来控制，并可以从一艘更大型潜艇发射出来。这种武器制造了好几百只，但战绩平平。

美国和欧洲战场

在希特勒攻击波兰的两年时间内，美国方面一直保持中立的态度，不过，其一直以来都在给英国和其他盟军国家提供越来越多的援助。即便如此，希特勒依然做出了宣战的决定，从而确定美国是否会跟德国正面作战。

自第一次世界大战结束之后，美国曾经回归到其传统的外交政策，即退出海外冲突，并且保持适度从紧的军事计划。截至 1939 年 9 月，这一"孤立主义"得到了严格中立法案的支持，从而防止美国政府或私人组织向战争中的任何国家销售武器或者提供贷款。多数美国人都对德国发动战争的行径表示谴责，并希望英国和法国能够赢得这场战争，但是他们却非常清楚，美国只会袖手旁观。

在罗斯福总统当政期间，美国社会发生了一些不同的变化。美国人都认识到纳粹政权的邪恶本质和日本军国主义的本性，还有就是，它们最终还是会给美国利益构成实际的威胁。但罗斯福不希望参与战争，因此他的政策是帮助欧洲盟军，保持在"战争以外的其他所有方式"框架之内。同时要对日本人持足够强硬的态度，但是又不希望激怒他们来进攻美国。这一政策的细节，随着时间的推移发生了一些变化，但是其总体原则却一直维持到1941年12月。

并非完全中立

第一步发生在1939年11月，当时的"现款现运"法案被顺利通过。参战的国家用现金（而不是信贷）购买了美国的武器装备，条件是他们用自己的船只将其运送回国。地理上的现实与英国较强的海军实力，意味着这将有利于盟军方面，而这原本就是初衷所在。

这足以确保英法联军有胜利的希望，但却在1940年6月法国投降后破灭了。美国的重整军备方案立即被提上议程，尤其是在7月两大洋海军法案签署以后，这使美国海军部队有了大幅度的扩增。这一法案的目的，依然是防备德国的威胁，但是这也使日本人忧心忡忡。要建造起那些轮船，大概要花几年的时间才行，如果真的到了那个时候，日本人恐怕无法与之匹敌，除非他们先发制人、先下手为强。

接下来，在1940年秋，美国政府出台了《选征兵役制法》，从而第一次在美国历史上建立了征兵制度，但当时美国还尚未参战。

租借政策

罗斯福继续帮助英国，不过这也会带来一些危险。向英国派送武器装备，可能意味着希特勒一旦打赢战争就可以免费加以使用。但是，那时候又出现了一个新问题，即英国的现钞马上就要用光了，那么极可能根本无法继续维持战争，更不要说对美国商品的支付能力了。解决的方案就是"租借"计划，并自1941年3月开始实施。英国，以及包括苏联在内的后来的其他盟国，都会得到美国派送来的大量武器与其他商品的供应。生产成本都是让美国人先垫付，但前提是这些东西在战争结束之后需要被买单或者归还。

罗斯福也清楚地知道，光给英国生产武器是不够的，因为德国人会在它们途经大西洋的过程中将其击沉。因此，在 1941 年，美国海军在大西洋反对德国 U 艇的战斗中扮演起积极主动的角色。但是，这一行动究竟会延伸到何等程度，对美国人民来说并无法清楚知晓。到秋天的时候，美国在西大西洋的战舰，与英国人和加拿大人的一样，都在做着同样的事情。虽然同样清楚的是，美国人依然希望能够避开战争。1941 年 8 月，《选征兵役制法》在美国国会的一次投票之中被简单地重新续展了一下。

在经过所有这些之后，希特勒开始警惕起来了，但他还是满足于与其现有敌人之间的作战。不可思议的是，在珍珠港偷袭事件发生四天之后，他竟然改变主意并向美国宣战，而这个决定使其政权遭致了最后失败的厄运，其与日本的最终命运一样都无法更改。

德国人在欧洲的统治

在纳粹占领之下的国家，老百姓的生活处于极端的水深火热中。饥荒配比、奴隶劳役以及其他残酷政策，是司空见惯的日常现实，这在所有被占领国家和地区都是如此，只不过犹太人和反抗者过着更糟的生活而已。

种族主义，是德国在欧洲统治的全部基础。任何要做的事情，都要在同时符合德国及其人民的利益的条件下进行组织，而其中"人民"的定义，则是由希特勒及其纳粹党来设定的。在这个系统之内，依然有着各种不同的级别层次。在其金字塔的顶层附近，是那些类似荷兰人或挪威人的民族，他们虽然被视为二等公民，但是却能够得到某种尊重，而在金字塔底层附近的，是那些斯拉夫民族，他们的生命被认为是毫无价值的，即使有时候他们的劳动依然值得肯定。犹太人则被视为所有民族之中最为低劣的。

对被征服领土的统治方式，自然会在这个等级制度之下存在一定的变化。在波兰或者乌克兰，纳粹党的残酷性在纳粹党卫军的组织和领导之下，显得十分公开和极端。在另一些地方，诸如那些挪威的国家，当地纳粹党支持者可以在政府中拥有发言权。最后，还有一些类似法国的国家，至少在政府层面并没有与德国为敌，因此获得了控制全国或国家某个部分的权力。

但是，贝当·维希政权的"独立"，是在付出极大代价的基础上获得的。超过一半以上的政府税收，都要用来支付德国占领部队的成本费用，而法国工业产值的一半左右，都被收入德国人的口袋中。

食物配比也很严厉，官方的规定是每天不足 1200 卡路里，而很多穷困的人甚至都达不到这个水平。很多食物辗转流入到居高不下的黑市。其他西欧国家的经历，与这些都十分类似。

强制劳役

随着战争的进行，德国变得越来越依赖于外国劳动力，否则就无法维持其经济的正常运转。这涉及大约 150 万战争囚犯，而到1943~1944 年，大约有 500 万人被迫在德国进行强制劳役，并且其中很多都被当作奴隶来对待。在战争的后期，德国大约有四分之一的劳动力都是由外国人组成的。

这个过程开始于 1939~1940 年的过渡时期，当时很多波兰人被带到了德国，并成为农场劳动力。后来，在东欧地区，男人、女人以及很多年幼的孩子，都被集拢起来，然后被派送到德国需要的地方。在维希政府的法国，男人被征募去服国家的各种劳役，但却是做为德国人的劳动力。

德侨

德国人的后裔（对纳粹党人而言就是德侨）居住在东欧的很

多地方，纳粹统治最为极端怪异的方面之一，就是将这些人再同化为德国人的计划。几十万人被带回到德意志帝国境内。其中很多是从他们原本在波罗的海国家的老家那里被运送过来的，或者来自于苏联西部地区，这些人原本要被重新安置居住在占领区之内，从而使那里彻底变成德国的领土。在战争结束后，多数人最终沦为数以百万计的无家可归者中的一员，并在中欧地区游荡。

或许，这一政策最丧心病狂的一面，当属"生命之源"计划。作为这一计划的目标之一，便是提升德国的民族，纳粹党卫军代表会在占领区中游历，以找出"具种族价值的"孩子，强迫他们让德国人领养。据说，大约有 30 万名儿童在这个计划中被从自己的家庭诱拐，而其中 80% 的人再没能重返家园。

"巴巴罗萨"作战计划

德国对苏联的入侵，是有史以来场面最宏大的军事行动。其结果将决定着整场战争的走向，而这场交战也会在双方之间展开殊死搏斗，这是在其他地方很少看到的。

甚至在不列颠之战爆发之前，希特勒就早已命令他的将军们制定出进攻苏联的作战计划。最终来讲，纳粹依然旨在占领苏联在欧洲的全部领土，铲除掉所有的犹太人和共产党人，并奴役所有幸存下来的"低人一等"的斯拉夫民族。

虽然德国人布置了大约 300 万的大规模兵力、3300 辆坦克和 2700 架飞机，但是他们所面临的任务依然十分严峻。他们在人数方面依然被驻扎在苏联西部的红军人数所超越，并且他们极大地低估了苏联在远东以及其他地区的预备队力量。他们完全忽视了苏联的武器及其战斗效率，对苏联更加精良的武器，比如 KV–1 和 T–34

坦克知之甚少，而后两者早已投入使用。

德国的麻烦

正所谓"强弩之末，势不能穿鲁缟"，德国人强行将分散于每一个被征服国家的机动车辆投入军用，但是依然需要 60 多万匹马才能满足他们的运输需要。多数普通士兵不得不强行进军。每一个地方的道路都没有被修好，或者条件十分恶劣，而苏联的铁路系统完全是另一种规格，因此那些小路小道必须在可以使用之前进行一番改建才行。在这些地区出现的问题，将随着推进的继续而逐渐凸显出来，而且在秋天和冬天来临之后，天气条件也会每况愈下。

战斗终于打响

德国人的进攻，即"巴巴罗萨"作战计划，开始于 1941 年 6 月 22 日清晨。在数小时之内，带头的坦克部队早已渗透到苏联毫无防备的防线的数十千米之内，而超过 1000 架苏联飞机在其停靠的机场被摧毁。不到一周时间，中央集团军的推进便在明斯克以西形成了一个庞大的包围圈；截至 7 月上旬，30 万苏联红军在那里缴械投降。其间，此次进攻还冲击到斯摩棱斯克，这个地方距莫斯科有 320 千米的距离。

在其他主要进攻前线的推进，也是一帆风顺，北方集团军群早已侵占了波罗的海国家，并开始靠近到列宁格勒的周边。但是，相对较弱一些的南方集团军群，却在基辅以西地区因为遭到苏联红军的抵抗而停止了前进的步伐。希特勒及其属下将领都曾无法确定出一个最佳的战斗计划，从一开始就是如此，现在希特勒只得下令对原有计划做出调整。古德里安的第二装甲师集团军，准备进攻南方地区，从而帮助实现对基辅地区的完全占领，而不是立即向东推进到莫斯科地区，虽然古德里安与其他将军曾经做出这样的建议。

结果似乎证实了这样的决定是英明的。截至 9 月中旬，超过

50万的苏联红军在基辅以东被擒获。疲惫不堪的德国部队重新作出部署，准备在月末的时候奔赴莫斯科前线，从而获得他们原本希望的最终的决定性胜利。

　　但是，随战机的延误而来的又是恶劣天气的开始。在更加激烈的战斗过后，德军终于在12月初抵达了莫斯科的郊区，但却无法继续往前推进了，所有士兵们都在经受着严寒天气所带来的残酷煎熬。速战速决的胜利曾经看似如此确定无疑，因此对冬装的物资准备根本就没有任何的事先计划，而在东部战线的一场持久而恐怖的鏖战，现在显然是不可避免的。

反坦克炮，1939~1942

　　随着坦克装备的不断升级，步兵和炮兵专门用来对付它的反坦克炮也随之升级。第一批反坦克炮其实非常小，可操作性强，且容易被隐藏起来，但是随着其规模的增大，这些特性都开始改变。

　　当坦克第一次在第一次世界大战中投入使用的时候，用来对付它们的武器，要么是标准的加农炮，或者是火力特别猛的步枪。虽然反坦克步枪一直到1939年依然被多数部队所使用，但是很显然，在20世纪30年代，步兵以及其他部队越来越迫切地需要更加威猛的特制反坦克武器。

　　德国的标准反坦克炮，在战争开始时是一种口径37毫米的武器，它是从1936年开始由德国莱茵金属公司生产制造的。这种炮弹会被安装在一种有轮的炮架之上，其总重量可达到半吨左右，在实战中很容易实现人工操作。其可以发射出0.68千克的穿甲（简称"AP"）炮弹，足以在500米以外的距离，以30度角击穿31毫米厚的装甲。

苏联和美国的类型

苏联 1930 年型 37 毫米炮弹，最初是由德国莱茵金属公司研发出来的，并且与 PaK36 型十分接近。日本也有 PaK36 型的授权制造版本。美国陆军的 M3A1 型 31 毫米式，是在 1940 年首度引进的，在规格上略有不同之处，不过德国炮弹的样本也曾被美国设计师研究过。虽然其在 1942 年末早已被新型号所超越，但是这种炮弹依然在太平洋战场对抗日本较弱坦克部队的过程中继续服役。

1939 年，英国的标准武器是有着类似性能的 2pdr（40 毫米）款式，不过它需要安装在更加重型且更加精密的炮架之上。苏联拥有 45 毫米的 M1937 式，其在火力上更加猛烈，而其后来被炮筒更长一些的 M1942 版本所取而代之。

更加重型的武器

至 1939 年，更加重型的武器也在一些国家被开发出来。德国开始将 PaK38 式提升到 50 毫米的标准，这相当于原有 PaK36 两倍的穿甲能力。

英国的下一种新设计类型，便是 6pdr 的款式，但是它很晚才被投入使用，因为它从 2pdr 转产而来，在敦刻尔克大撤退之后需要对军队做出重新配备时才被投入使用。美国的 57 毫米 M1 型，其实是在违背租借政策基础上生产的 6pdr 款式。此外还有苏联 57 毫米的 M1943 式武器，其根据苏联的标准生产，但是在数量上相对比较有限。所有这些国家，在后来的战争期间，都开始生产越来越大型的炮弹。

德国在战争初期却有不同寻常的选择，其在通常反坦克炮的使用上，同时拥有小型与大型口径的武器装备。更大类型的武器，是88 毫米炮弹，原来生产的目的是防空用的，比如 FlAK 18 和 36 型。作为防空炮弹，这些武器都已经有了较高的炮口射出速率，因为这是防空功能所必需的。而与其他军队防空武器所不同的是，它们被配备了十分合适的弹药，并专门为了实现此任务而做了特定的设计。

更小口径的武器，是一种所谓的"锥膛炮"设计。在这种设计中，由枪炮后膛至炮口逐渐变细的炮管被做了特别的压缩圆形设计，并随着其从炮管内射出而布置。结果，其积聚的压力产生出一种非常之高的炮口射出速率。

在这种类型之中，唯一有过重要服役经验的武器，当属德国的sPzB 41 型，其有着逐渐变细到 2 厘米的设计。其有类似于 PaK36 的穿甲弹性能，而专用于空军部队的那款重量只有 118 千克。其不足之处在于，需要钨心的弹药，而当时钨在被封锁的德国是十分稀缺的金属，因此这些炮弹的生产在 1943 年被迫停工了。

但是，这也成为未来发展的一个指向针。多数战争初期的反坦克弹药都是相对简单的实心弹设计，大约自 1942 年开始，改进的设计和更加复杂的制造工艺开始逐渐替代原来的生产，并且开始广泛应用于后期战争的武器之中。

战争的恐怖：东部战线

在东部战线进行的战争，完全是在野蛮中进行的，在第二次世界大战期间的其他地方很难见到如此的情景。纳粹将他们的敌人视为毫无价值的"劣等民族"，而对苏联领导人而言，生命也是廉价物，无论是他们自己的市民抑或其他人都是如此。

随着德国人向莫斯科地面推进的步伐在 1941 年 12 月初因为零下 40 多度的天气而停下来之后，在东部战线上体现出的战争的残酷无情模式，早已经非常明显地展现在世人面前。数百万的平民与战俘（简称"POW"）在这条战线的附近地区或后方纷纷死去，这都是其中一系列的战斗所致。

大规模屠杀

在"巴巴罗萨"作战计划实施之前，希特勒早已下令，任何被擒获的共产党官员必须被处决。正如其在侵略波兰期间所做过的那样，纳粹党卫军组建了"特别行动队"来跟随在推进部队的后面。这些屠杀小分队（大约有 3000 多人）受命去铲除所有犹太人和共产党人。根据他们自己的记录证实，截至 1941 年末，这些小分队在进攻苏联期间，屠杀了超过 60 万名犹太人。

双方的战俘都面临着残酷的命运。超过 500 万的苏联红军士兵被德国人在战斗期间掳为战犯，仅仅在 1941 年就有 380 万人左右；其中仅有 35% 左右的人能够侥幸存活下来。双方对战俘都不会给太多吃的东西，他们能够接受到的医疗照料便是从他们自己擒获的医务人员手中拿到的东西，还有他们身上所有的东西。

据可靠记载，这种虐待情况产生的原因，不仅仅来自于资源的稀缺和不足，纳粹核心理念之中的极端民族主义以及斯大林主义对人类生命的漠视，也在其中扮演着重要的角色。因此，很多试图投降的人，经常直接被立即枪决。武装党卫队或武装党卫军（在战争后期其实是一支实实在在的德军部队）在东部战线几乎是从来不接纳战犯的。而苏联方面对待战俘和潜在敌人的态度，也在他们的卡廷大屠杀事件中表现得十分明显，而在其他地方，例如在 1939 年的波兰，便屠杀了 1.5 万名落入其手中的波兰陆军军官。

在德军占领的领土之中，大约有五分之一的人口，要么沦为逃犯，要么由苏联机构疏散出来。其中很多被送往新工厂进行劳动，而这些工厂都是在乌拉尔河东面建立起来的。在那里，生存和工作的条件都是极端艰苦的。那些留在后方的一大部分人，可能会受到德国人的优待，但他们的生命财产也一直处于危险之中。因为整个村庄在游击队的报复活动中被一把火烧个精光。

莫斯科的反攻

其中最为残酷无情的一些战斗，都发生在 1941~1942 年的冬天。12 月 6 日，苏联军队对莫斯科前线发动了一场成功的反击战，并动用了来自于远东地区毫无战斗经验的预备队兵力。与德国人不一样的是，苏联军队拥有良好的冬季服装和武器配备，从而可以经受得住苏联境内极端严寒的气候条件。

希特勒的反应，竟然是下令进行"狂热抵抗"并不得撤退。他下达不撤退的命令在这种情况下可能是正确的，一定程度上可以保持属下部队的团结，但是他最亲信的很多将军都不同意这样做，并因此被解职。希特勒亲自担任陆军总司令，并亲自制定在东部战线上的所有主要军事部署。虽然在很多地方，德军被击退到 160 千米外的地方，但到 1942 年初，他们又再度向前推进了，并且一直持续到东部战线解冻时期来临，而原来的所有的计划只得被迫暂停。

第三章　日本在太平洋战场的征程

日本偷袭珍珠港后，其间逐渐征服了很多英国、美国、法国以及荷兰的殖民地，从西部的缅甸一直到东部和南部的一大群太平洋岛屿。除了在陆上获得胜利，并对美国太平洋舰队予以重创，英国和其他国家的海军部队实际上也在整个运动战之中被清除掉，而盟军的空军力量在很大程度上依然保持着对日本的中立态度。

日本领导人曾经有着这样的希望，即对这些领土的征服可以使其获得他们极端渴望得到的自然资源，并建立一个防御边界，以顺利抵抗敌人所发起的任何进攻。但是，他们被卷入到太多的战争之中，而这也证实了原来很多敏锐的日本指挥官曾经认识到的局面：在进攻美国之后，同之前在中国一样，他们所吐出的，要比他们所吞下的还要多。

太平洋战争爆发

1939~1941 年，日本和美国的关系日趋紧张。日本在中国地区的军队逐渐陷入困境，因此决定向南方推进，以寻求本国急需的自然资源和新的殖民地。

1939 年初，日本法西斯开始对究竟应采取何种战略的问题产生了动摇，因为他们必须克服在中国地区的难题，并解决与其相关的经济问题等。一些人希望向北进攻苏联，但其他人则主张向南推进到欧洲在东南亚地区的殖民地，掠夺那里丰富的石油、锡、橡胶及其他更多的丰富自然资源。

战争的酝酿

日本对苏联长期以来就有敌意。20 世纪 30 年代，在日本控制的中国东北部地区以及苏联所属的近东省区，经常爆发冲突。1939年夏季，在卡钦戈战役中爆发了极为猛烈的战斗，这场战斗就爆发在苏联支持的蒙古国与中国的边境线上，结果日本方遭到惨烈失败。

这些不太知名的战役，却成为决定性的转折点。日本政府开始迫不及待地指望向南方推进。1941 年 4 月，日本与苏联签订一中立协定，并决定坚持这个协定，即便是在希特勒于 1941 年 6 月向苏联发动进攻的时候也未曾动摇过。

日本与美国的紧张关系以及欧洲殖民力量在中国事件中的影响力，都在 20 世纪 30 年代开始突出起来。日本确信，通过缅甸和法属中南半岛地区抵达中国境内的物资，在维持中国战区战斗力方面事关重大。接着，在 1940 年夏，新的可能性又开始冒了出来。希特勒的胜利使得法国与荷兰的殖民地陷入毫无防备的状态，英国在亚洲的力量也遭到严重削弱，而美国的重整军备计划还需要一段时期才能完成。

1940 年 7 月，日本政府决定实施一个双子政策：首先，通过堵塞前往中国之物资供应线路的方式，来赢得他们现有的战争；其次，为了能够获得来自东南亚地区的急需原材料，如果在必要的情况下可以发动一场全新的战争。这场新战争，是在日本和美国之间的战争越来越有爆发可能的前提下发起的。9 月，日本采取了这个计划的第一步，开始向中南半岛北部地区派遣军队，而且还获得了法国维希政权的支持。作为报复，美国人对日本实施了一项在钢铁方面的出口禁运惩罚措施。

对全新军事推进的外交准备，促使日本于 1940 年和意大利及德国签订了《三国同盟条约》。从日本方面来看，这一条约的目的是不言而喻的，其旨在限制美国在太平洋地区做出的回应，并同时发出威胁信号，即如此的回应可能将美国卷入一场欧洲战争。

进入中南半岛地区

1941 年 7 月，日本政府做出决定，要进入南部中南半岛地区，并将之视为进一步向南推进迈出的第一步，即便这一举措将会引发战争。但是，与此同时，日本将继续与美国进行协商。

美国的密码破解者拦截到这次会议的报告内容后，美国领导人当机立断，决定逐步在经济上向日本施压，并切断日本几乎所有的石油供应。这使好战的日本人再度确信，美国已经显露出反战的意图，与此同时，他们也开始发现他们的战略物资库存正在陷入困境。

并非真心实意的所谓谈判，在 11 月依然继续着。但到那个时候，日本首相东条英机及其政府内阁都已经确信，不能在这个问题上犹豫不决太久。日本依然拥有战斗的机会，或者他们是这样以为的，但是他们却必须当机立断才行。11 月 29 日，日本军部终于做出决定，继续投入战争。

珍珠港事件与日本的战争计划

在珍珠港事件中，日本似乎要赢得一场完美的胜利，但是从长期的角度来看，在没有做出宣战的条件下对美国领土发起进攻的行为，对日本的利益而言几并没有任何好处。因为此举将迫使美国投入战斗，并一直到获得最终的胜利。

事件重点：

时间：1941 年 12 月 7 日
地点：夏威夷瓦胡岛
结果：美国的太平洋舰队遭受重创，美国和日本开战

1941 年 12 月 7 日，来自日本六艘航空母舰的飞机，对美国位于夏威夷珍珠港地区的太平洋舰队发起了突然袭击。在偷袭事件发生的时候，日本并没有发起任何事先的战争宣言；美国在第二天立即向日本方面宣战。

为什么选择珍珠港？

日本做出偷袭珍珠港的决定，主要是基于一种迂回的思路。日本想要的，是对英国和荷兰两国在东南亚地区自然资源的控制。

作为美国殖民地之一的菲律宾，就位于这次推进的侧翼，必会遭到攻击，因此与美国的战争显然已被预料到了。

在英国忙于欧洲战争、其他殖民地的宗主国本土处于德国占领中的条件下，日本的主要威胁来自于美国的太平洋舰队。虽然美国陆军并不怎么强大，但美国海军却是坚不可摧的。因此，如果开始就对珍珠港发动进攻，将为日本赢得时间，可以趁机去占领觊觎已久的领土。接着，日本会在周围铸起一道坚固的防线。日本人相信，这将会是令人畏惧的，而虚弱无力、颓废的美国人将不敢发动进攻，只会祈求和平。

美国的预防措施

在偷袭事件发生前的几周时间内，美国政府从破译的密码信息中获知，日本的一次军事袭击极可能一触即发。他们以为，最有可能的目标应该是菲律宾，而对于夏威夷的主要威胁是日本间谍的破坏活动。但是，既然罗斯福总统及其政府已经知道了日本的计划，战争也就被预料到了，不过却并没有采取妥善的防范措施。

在那个周日早晨的 7 点 45 分左右，两拨日本飞机突然袭击了海军停泊地点以及瓦胡岛的很多机场地区，并持续两个小时不断攻击。这次突袭，有 2403 名美国人在其中丧生，停在港口的 8 艘战舰中的 6 艘被击沉，此外还有其他很多舰船，以及 188 架飞机被摧毁。日本方则只失去了 29 架飞机、5 艘袖珍潜艇和一架大型的潜水艇。

美国在这次事件中，因为一大堆错误而使得日本的突袭顺利实施：雷达警报被忽视；反空袭弹药箱被锁住；而飞机在地面上成为最脆弱的攻击目标，因为它们被停放在一起，据说是为了防止被破坏。

面对突袭，在罗斯福总统提出的"丑恶的一天"的总结之下，被激怒的美国人民将会投入战斗，并且会一直继续他们的战斗，一直到他们具有绝对优势的资源为之带来最后的胜利。所幸此次偷袭并未完全摧毁美国海军的实力，太平洋舰队的航空母舰碰巧在那个礼拜天离开了港口，而这次意外的幸存也有利于反攻的顺利实现，最终使日本被击败。

不但日本人偷袭了珍珠港，1941 年 12 月 11 日，希特勒也向美国人宣战。美国不得不同时参与到亚洲和欧洲的战争中去。

战舰与巡洋战舰

这些大型军舰，有着最重型的枪炮和最厚实的装甲，在海战中通常都被视为决定性的武器。第二次世界大战期间，没有多少战舰与战舰之间进行过短兵相接的搏斗，但是它们依然起着至关重要的作用。

主要国家的海军在参与第二次世界大战的时候，都会使用原本在第一次世界大战期间建造的战舰混合列队，此外还有 20 世纪 30 年代及以后建造的更加现代化的舰船。

在两次世界大战的过渡期间，在军中服役的战舰数量，以及新轮船的最大规模，要受到 1922 年《华盛顿海军条约》的约束和限制，此外还有其他在后来签订的协议。英国、美国和日本的允许保有量分别是 15 艘、15 艘和 10 艘，而法国和意大利的数字要更低一些。德国也愿意加入海军装备的竞赛，其在战争接近时变得更疯狂。

从第一次世界大战时代幸存下来的轮船，主要有两种类型：战舰（所有主要国家的海军都拥有的）以及巡洋战舰（英国和日本独有）。这两者都配有类似的武器装备，并且在规模上几乎不相上下，但是巡洋战舰用略显薄弱的装甲换来更快的速度，这种结合在第一次世界大战之中被证实并不是无往不利的。在第二次世界大战期间服役的轮船，将较高的速度与厚重的装甲结合在一起，相应在规模上也有所增大。

美国军舰"密西西比"号（"新墨西哥"级，建成于 1917 年），是于 1939 年开始服役的典型"一战"军舰。其排水量达到 33000 吨，搭载了一种 12×355 毫米口径的炮，其蒸汽发动机可以达到 21 节的速度，保护其侧面的装甲也厚达 355 毫米。

所有在 1939 年投入使用的更早时期的大型军舰，都曾经在某种程度上于两次世界大战过渡期间做过现代化的改进。这些变化主要用来提高它们的防空作战能力。更多的防空枪炮被配备，其中一些新式双功能设计，更加适合投入到针对水面舰艇的战斗中去。比如说，英国皇家海军的"伊丽莎白女王"号，在开始投入战争的时候具有 20×114.3 毫米的双功能二级炮弹，这与 1915 年战舰开始服役时期安装的 2×76.2 毫米 AA 炮弹形成鲜明的对比。甲板装甲通常也得到了提高，并在炸弹和远程炮火的防御方面有所改进。这些变化都旨在提高排水量，且在某种程度上都得到了更加轻型但更具威力之发动机的弥补。

最后的条约型军舰

随着战争的接近，英国和美国都开始建造更加现代化的战舰，这间接反映出此阶段的趋势所在。两国都试着遵守条约的限制性规定。

美国海军的两艘"北卡罗来纳"号和四艘"南达科他"号军舰，搭载有 9 × 406 毫米和 20 × 127 毫米的 DP 炮弹，排水量达到 37000 吨（在建造时已达到），最高时速则是 28 节。英国的"乔治五世"级（英国在战争中服役的最后级别类型）几乎完全可以与之相媲美，只不过美国的军舰有着更加轻型的主力炮弹和相对较薄的装甲。美国在战争后期的"爱荷华"级（第四种军舰）替代了之前的第三种，并具有更轻型的设计和更高的时速，足以给航空母舰提供护航。

"轴心国巨人"

德国的"俾斯麦"号和"提尔皮茨"号，虽然在战争之前便开始投入使用，但却没有任何遵守条约限制性规定的意思。两种战舰都有超过 42000 吨的排水量，并有着极佳的保护性装置，不过却只有旧式的二级武器装甲和 AA 炮弹。

但是，日本最为现代化的战舰却比它们要大很多。65000 吨排水量的"大和"号战舰与"武藏"号战舰（其两种姊妹型号的战舰也被设计过，但并没有被建造成战舰的样子），都搭载有 9 × 460 毫米口径的主要炮弹，并配备了一大堆二级武器，还拥有 406 毫米厚的装甲。

战争中的美国

与其他任何交战国相比，战争对美国而言已经相当温和了。这个国家以最低的参战士兵伤亡率结束了这场战争，而美国人则在战争所带来的经济繁荣中基本处于日趋上升的好势头。

1940 年末，罗斯福总统说出了自己的希望，即美国可以变成"民主的武库"。在珍珠港事件之前，这个愿望很快就要变成一个现实，但这一事件改变了美国本身及其与世界上其他国家之间的关系。

到 1945 年，很多事情都发生了改变。在战争的过程中，美国总共制造了 30 万架军用飞机，还有 8.6 万辆坦克以及数字同样庞大的其他各种军事设备。美国的军队拥有世界上最为奢华的武器配备。

战争期间，大约 1500 万男性在美国军队服役，其中另有 35 万名妇女，这个数字仅次于当时的苏联。自 1942 年以来，该国庞大的军工事业受到来自于五角大楼的控制。

在五角大楼的核心处，是另一个全新的机构，那就是参谋长联席会议，它是军队首长委员会，主要负责协调美国的军事计划并同英国进行有效的联络组织。虽然那里曾经有过很多的争议，但是英美联合计划有着更多的成效，这要比混乱的德日联盟好一些。参谋长联席会议组织其实在盟军后来的大获全胜中是一个主导性的因素。

1941 年 12 月，美国国会通过了《战争权力法》，授予总统更多的执行权力。更大规模的政府机构在不久之后纷纷建立起来，从而掌控着战争经济的各个重要方面。其中的战时生产委员会与战争动员办公室是最重要的两个。人力或许是当时处于第一位的问题，但是，美国境内的征兵活动却没有像其他很多国家那样，搞得甚嚣尘上、如火如荼——比如说，已婚的男子几乎不太会被招募到军中。未被征召入伍的男子，并不一定非得接受与战争有关的工作，而妇女也不会以任何形式被强迫去劳作或服役。

大型企业以及普通百姓，在战争期间都过上了繁荣向上的生活。公司的业绩节节飙升，农业也不落人后。实际上，那时候的工资水平平均上升了 50% 左右。参加家庭之外工作的妇女数量，大约增加了三分之一，并达到劳动力总数的 22% 左右。之前，参加工作的妇女基本上都是年轻女子，但是在战争期间，大部分妇女都参加到各种工作之中。

虽然妇女干"男人活"的思想早已被接受，但是在现实中，并没有多少妇女会真的去接管之前由男性干的粗活，她们更多的是去参加新工作。

电影《传奇的铆工罗西》中的人物原型，就在不太常见的一家造船厂工作，这似乎是因为造船业在当时正迅速引入更加现代化的焊接法建造工艺。其实，战争期间生产繁荣的核心是生产率的大规模提高，新技术、新机器、新生产方式的更多应用。

虽然很多妇女开始参加工作，但是她们的工资依然只是男性的1/3 左右。类似的情况也发生在非洲籍美国人，以及其他在当地处于种族劣势的人群身上。在战争期间，他们的工资要比那些白人涨得更快，但依然保持着很大的差距，而种族主义依然在日常生活和军队中无所不在。军队中也会出现种族隔离的现象，并没有多少非白人可以获准加入到战斗编队之中，更没有几个非白人可以晋升为军官。

日本的第一次推进

日本最初的海战胜利，在不久之后被陆上的胜利所超越。马来半岛与英国在新加坡的庞大海军基地，在 1942 年 2 月中旬被轻而易举地征服，而盟军在菲律宾的最后堡垒也没有持续多长的时间。

在对珍珠港发动突然袭击的同时，日本军队也开始了针对菲律宾和马来半岛的军事行动。日本登陆马来半岛，是在 1941 年 12 月 8 日凌晨 1 点发动的（当地时间）。其实，这就是对珍珠港发动偷袭（12 月 7 日）的不久之前，只不过是由于国际日期变更线造成了时间差。对菲律宾吕宋岛发起的第一轮空袭，在数小时之后也全面发动了。

除了这些主要目标之外，日本人还开始了一场快速征服香港地区的军事计划，而其他部队则迅速掌控了关岛、威克岛以及其他由美国把持着的小岛，不过在那里遭到了盟军部队的顽强抵抗。

遭到突袭的马来半岛

由山下奉文率领的第二十五军，有着 6.5 万多名战士，其开始在马来半岛北部的中国南海海岸线以及暹罗地区（现在的泰国），发起了登陆进攻计划。他们遭到了 9 万多英国、印度和澳大利亚联合军队的抗击，而这支混合部队的总司令官是罗伯特·布鲁克·波帕姆空军上将，此外还由阿瑟·帕西瓦尔将军担任陆军指挥官。日军很快占据了空中优势，并在击沉英国皇家海军的"威尔士亲王"号和"反击"号之后，完全控制了海上的局势。

日本部队中的很多人，都是在侵华战争中打过硬仗的老兵，虽然他们并没有接受过专门的丛林战训练。他们用坦克来突破任何在进攻线路上碰到的防御阵地，还有具有机动性的自行车。相比之下，盟军部队则没有接受过良好的训练，并且在每一个层级都处在混乱的领导之下。结果就是，盟军部队在慌乱之中被迫撤退，并且不止一次落得这样的结局。

新加坡的沦陷

1942 年 1 月底，盟军部队撤退到新加坡这个岛屿国家，那个地方离日本最初的登陆地区有着 950 千米的距离。新加坡原本被认为是坚不可摧的堡垒，但是其防御能力主要是在针对海上攻击的基础上建立的，并不能适应横跨北部柔佛海峡的军事进攻。

2 月 8 日至 9 日夜间，日本人如潮水般涌入，不久便将防卫者赶到新加坡城的边缘地带。帕西瓦尔决定有条件投降，虽然当时他的部队（在不久之前刚刚被增援过）在数量上要比进攻者的人数还要多。

在整场马来半岛的战斗中，日本方面的人员伤亡不超过 1 万人，盟军方面有着与其接近的伤亡人数，不过另外竟有 13 万人被日本人残酷囚禁起来，其中很多人没有幸存下来。

菲律宾沦陷

日本对菲律宾的征服，几乎是以迅雷不及掩耳的速度。道格拉斯·麦克阿瑟率领着 11 万名菲律宾军人以及 3 万名美国军人，武器装备和训练相当不足，好在他们拥有超过 200 架美国飞机的支援。但是，麦克阿瑟的无能使得这些人中的很多都在珍珠港新闻播报之后当场受到了惊吓。自此以后，日本控制了空中局势。在预知不会有美国海军部队抵达这里支援的情况下，日本也在海上掌控了主动权。

由本间雅晴率领的第十四军，于 12 月 10 日登陆吕宋岛的主要地区，同时还有更大规模的部队来自于第二十二军。麦克阿瑟下令将占优势的盟军部队撤退到巴丹半岛，当时已经是 1942 年 1 月初了。

他们在那里一直待到了 4 月 9 日，部分原因是日本的进攻部队早已撤退，去参加新的行动。一直到 5 月 6 日，靠岸的小行政区域堡垒岛屿才最终宣布投降。再一次地，很多盟军将士又被残酷囚禁起来。

与此同时，麦克阿瑟已经受命于 3 月中旬离开，去指挥盟军在澳大利亚的部队。在离开的时候，麦克阿瑟发下誓言："我一定会回来的。"

日本的节节胜利

在马来半岛和菲律宾沦陷之前，日本军队便已涌入到缅甸地区，并在荷属东印度群岛实施了全面登陆。他们在那里的军事行动非常之快速，与之前的推进不相上下。

1941 年 12 月 14 日，日本军队开始进入缅甸地区。1942 年 1 月 20 日，新的进攻再次发起，当时饭田祥二郎麾下的第十五军率领两个师的兵力，从泰国边境越过，一直向毛淡棉地区进发。盟军部队在刚开始时也做出了有效的还击，但后来逐渐开始撤退。2 月 23 日当天，色当河上的一座重要桥梁被印度士兵炸毁，但是却炸错了边。在那之后，原本的撤退直接变成了溃败。

日本人又得到了来自于马来半岛的增援，仰光于 3 月 8 日沦陷。接着，更多的日本军队从泰国杀到这里，并将剩余的英国军队向北赶到印度地区。中国军队在美国的约瑟夫·史迪威将军的指挥下，也加入了这次战斗，但同样被击败。盟军的最后残余部队，在 5 月初抵达印度地区。

关键性油田

荷属东印度群岛，是日本此次军事行动的最大战利品，因为其有着巨大的石油储量，并且主要集中在苏门答腊岛，而它的铁矿及其他重要商品的产量也非常巨大。日本的空军和海军优势，是其军事上胜利的关键。

那里一共有三条主要进攻线路，并配合着来自于今村均麾下第十六军的不同部队，其提供了主要的地面兵力。第十六军早已从日本占领的加罗林群岛撤出来，来到了菲律宾南部的棉兰老岛地区。1 月初，其开始向婆罗洲和西里伯斯岛进发，并同时使用伞兵部队和从海面登陆的部队，然后再向南跳到帝汶岛和爪哇东部地区。与此同时，其他部队在婆罗洲的北部海岸线登陆，并在 2 月末、3 月初的时候来到苏门答腊岛和爪哇西部地区。当地的荷兰人和其他盟军部队，均于 3 月 8 日缴械投降。

新的海战胜利

在此次作战期间，双方海军进行过很多次的短兵相接，在盟军

74

方面有荷兰、英国、澳大利亚和美国的海军战舰，其领导者是荷兰海军上将卡雷尔·道曼。1942 年 2 月 27 日，盟军部队在爪哇海战役中被击败，并在接下来两天的战斗中被歼灭。

澳大利亚地区也相继沦陷。1942 年 1 月，日本人占领了新不列颠的腊包尔地区（部分是由澳大利亚新几内亚掌控下的领土组成），并在那里筹建起一个主要的基地。2 月 19 日，他们进一步证实了自己在这个战场上的海军优势，当时有四艘来自于珍珠港的航空母舰部队对北澳大利亚的达尔文地区发起了一场毁灭性的袭击。3 月 8 日，日军在新几内亚的莱城和萨拉马瓦地区登陆，并按照推进计划，进军到巴布亚岛南部海岸线的莫尔兹比港。

曾经帮助日军进行过多次登陆行动的航空母舰部队，接着又在 3 月继续向西前行，并向锡兰（今斯里兰卡）和英国的印度洋贸易线路发起了进攻。英国和日本的主要海军兵力并没有直接交战过，但是此次两艘英国巡洋舰和一艘小型航空母舰确实被击沉了。哥伦布港和亭可马里港也遭到了严重的袭击，而另一支增援的日本军队还袭击了无数艘在孟加拉湾的商船。

日本在较大的区域范围之内，均在混乱之中获得了一系列胜利，但是野心勃勃的陆军将军和海军上将们依然计划发动更进一步的进攻。首先，他们计划去进攻新几内亚，然后（曾因为美国对日本本土的空袭东京事件而被掣肘）进一步横跨太平洋中部地区，来到中途岛。

珊瑚海战役与中途岛战役

这两次战役都是历史上少见的海军作战，然而作战双方的战舰却从头到尾都没有出现在对方的视野范围之内。它们都再次证实了一点，即航空母舰已经成了海上战争的最主要武器。

事件重点：

时间：1942 年 6 月 4 日

地点：太平洋中部地区，中途岛附近

结果：4 艘日本航空母舰被击沉；日本在海上的优势地位丧失殆尽。

在 1942 年 5 月来临之际，日本方面的指挥官们都计划进一步扩展他们的征服范围，依靠在巴布亚岛南部莫尔兹比港的登陆，他们的航空母舰可以直接威胁到在澳大利亚境内的目标地点。

领导盟军部队的，是美国的航空母舰"莱克星顿"号与"约克镇"号，并有美国和澳大利亚两国巡洋舰与驱逐舰护航。与他们作战的，是日本的三大兵力：莫尔兹比港侵略军，主要负责运输和护航；另一支掩护部队，其中包括一艘小型航空母舰"祥凤"号与四艘巡洋舰；另一支航空母舰打击力量，其基地在"瑞鹤"号航母和"翔鹤"号航母附近。此外还有另一支小规模的特遣部队将在所罗门群岛的图拉吉岛地区登陆，并在那里建立起一个军事基地。

珊瑚海战役

在最初的遭遇战之后，主要的军事行动终于在 5 月 7 日拉开了序幕。美国飞机击沉了"祥凤"号；作为报复，日本航母也击沉了一艘美国油轮和一艘驱逐舰。全面的航母对战于 8 日正式展开。日本人在一开始便旗开得胜，并击沉了"莱克星顿"号，且给"约克镇"号造成了严重的破坏。但是，"翔鹤"号也遭到了沉重的打击，"瑞鹤"号的很多架飞机也被摧毁。这两艘航空母舰都无法参加中途岛的作战计划，即后者下一步的战斗部署，而对莫尔兹比港的侵略计划也被迫取消了。

中途岛计划

　　同时兼任日本海军主要指挥官的海军上将山本五十六，一直以来就认识到，他们在珍珠港的胜利是远远不够的，除非能够彻底摧毁美国海军的航母兵力。他计划去占领中途岛地区，他信心满满，觉得这次行动一定会逼迫美国人卷入战争。

　　日本人的计划相当错综复杂，有一支运输和掩护部队靠近中途岛地区，并从各个方向聚集。两艘小型的航母和其他大型战舰，都投入行动并牵制住了阿留申群岛，而其主力部队则包括了四艘航母、一艘战舰及另一支巡洋舰集群。

　　让日本人深感不幸的是，他们的意图再一次被美国密码破译部队识破。因此，美国人就可以忽略阿留申群岛的兵力（因此日本人颇具战斗力的航母就被浪费了），将主力集中在他们靠近中途岛的最强大部队上，而当日本人知道这一切时早已为时晚矣。美国人部署了"大黄蜂"号和"企业"号航母以及其他支援战舰，后者在最后一刻加入战斗，并很快修复了"约克镇"号（日本人原本以为这艘航母肯定会在很长一段时期内无法再度投入使用）。

　　主要行动开始于 6 月 4 日，日本空军突袭了中途岛地区。由于海军上将南云忠一认为这些进攻尚未达到满意的结果，而且不知道美国航空母舰处于隐秘行动中，所以他下令日本航空母舰准备发起对中途岛的另一次进攻。

　　在此次进攻发起的时候，来自于中途岛的强击机和来自于美国航空母舰的战斗机及时抵达。其中多数被日本战机很轻易地击落，但是来自于"企业"号的最后一拨俯冲轰炸机集群给"赤城"号、"加贺"号以及"苍龙"号（三艘在后来全部沉没）造成了致命的打击。第四艘日军航空母舰"飞龙"号，也发起了最新一轮的攻击，并严重破坏了"约克镇"号，但是后来"飞龙"号自身也遭到了致命的攻击。山本五十六最终放弃了中途岛的作战计划。

　　虽然"约克镇"号在 6 月 7 日被一艘日本潜艇所击沉，但是中途岛战役却给美国人带来了一场意外的胜利。日本舰队的中坚力量被摧毁，他们不仅损失了很多战舰，更重要的是，很多训练有素的飞行员的阵亡是无法弥补的。

航空母舰

自 20 世纪 20 年代以来，制空权狂热者们一直在声称，航空母舰在不久之后将取代战舰，成为终极的海上武器。至少在太平洋的广袤空间之中，这显然被证实是一个真理。

对于运载飞机类型的军舰实验，在第一次世界大战前便有了动静，而第一艘因空中打击而屈服的军用战舰是一艘德国舰艇，它是在 1914 年被一架日本飞机击沉的。但是，真正意义上的在两端都具有飞行跑道甲板的两艘航空母舰，是在这场战争结束后不久开始效力于英国皇家海军的。

到第二次世界大战开始的时候，英国、美国和日本都拥有了重量级的航空母舰部队，并随着战争的继续而建造了更多的航母。其他国家唯一的航母，便是在 1939 年服役的法国实验战舰"贝亚恩"号，但其并没有在实战中投入使用。德国正在建造一艘航母，而意大利后来也开始了两艘航母的建造计划，但是这两艘都没有竣工。

三支在当时居于领先地位的海军，都在两次世界大战过渡期间萌发了建造航母的念头。日本人和美国人都朝着最后被证实是最正确的方向前进着。他们都认识到，航母的最佳防御及最佳的进攻方式，就是其运载的战斗飞机，并且数量越多越好。

日本和美国都建造了很多航母，其中的飞机库就位于飞行甲板底下，相对而言有一些拥挤，但是各边都是开放式的，方便通风，从而使战斗机获得了最大空间。

他们早期军舰中的几种，比如日本的"赤城"号、"加贺"号，美国的"莱克星顿"号与"萨拉托加"号，在重量上都超过了3万吨，并且每一艘都可以运载120架飞机。在空军部队更加庞大的条件下，他们也研发了有效的技术，以使其在战斗期间能够运筹帷幄。

英国的设计类型

在早期的航母发展过程中，英国一直处于遥遥领先的地位，但却在两次世界大战过渡期间逐渐落后了。其中的主要原因是皇家空军，而不是皇家海军，在控制着海上飞机及其飞行员的储备量上，并没有得到较高的优先发展考虑。海军还选择建造那种拥有"封闭式"飞机库甲板的航母，这便降低了飞机的战斗能力，虽然其在火力控制防范方面得到了极大的提高。

20世纪30年代后期，在知道他们自己逐渐过时的飞机无法彻底保护航母本身的条件下——特别是在地中海地区，因为那里以陆地作为基地的飞机总是处在打击范围之内——英国在这一工序上迈进了一大步，并给他们的新航母配备了飞行甲板装甲。但是这进一步也降低了航母的战斗力。英国皇家海军的"卓越"号是于1937年投入使用的，不过"卓越"号的战斗力及其5艘后继航母都在战争期间得到了提升。

太平洋航空母舰

日本和美国的海军，都是在1941年时投入战争的，除了已经被提及的最大型军舰之外，其中的航空母舰数量并不多。多数都是18000吨级别的，可以运载70~80架飞机。这一种类的军舰，包括"约克镇"号、"企业"号、"飞龙"号和"苍龙"号等。其他著名的战舰，包括25000吨的"翔鹤"号和"瑞鹤"号，以及规模更小一些的"黄蜂"号和"突击者"号。

在1941~1942年间，日本引进了一大批小型航母，其中几艘是对其他类型轮船的改进版本。总共算起来，日本在战争期间完成了

17 艘航母的建造（大型和小型加到一起）。但在这些航母之中，没有一艘起到过决定性的作用。这并不是因为它们战斗力不强，而是因为到它们开始服役的时候，日本训练有素的海上空军骨干已经被歼灭完了，并且无法在短时间内被补上。

美国海军却不存在这样的问题。其 27000 吨级的 "艾塞克斯"级军舰，可以运载一百多架飞机；自 1943 年以来，其中有 24 艘投入使用。此外，美国海军还拥有 9 艘 "独立"号轻航母战舰，其可以搭载 40 多架战斗机。在训练有素飞行员和优秀战机数量均较为充足的条件下，这些战舰领导着美国在太平洋战场的军事行动，并最终击败了日本。

局势的逆转

自 1942 年年中以来，在所罗门群岛与新几内亚盟军的殊死顽抗，首次见证了日军推进步伐的放缓甚至回退，而盟军方面则在残酷的丛林战以及一系列重大海战当中，开始占据优势。

在轻而易举地占领东印度群岛之后，日本接着试图占领在巴布亚岛南部的基地，并作为对澳大利亚以及所罗门群岛其他地方可能袭击的序曲，从而威胁到澳大利亚和美国之间的联系。除了澳大利亚和美国的地面和空中部队之外，这场战斗将日本和美国海军的战斗主力都牵制进来了。

新几内亚

日本海军在珊瑚海战役遭到阻击之后，堀井富太郎麾下的南海支队，于 1942 年 7 月开始自巴布亚岛北部海岸线发起军事行动，并越过险峻的欧文斯坦利山脉，朝着莫尔兹比港进发。虽然条件非常艰苦（战斗双方均是如此），但是日本人不久之后便将虚弱的澳大利亚部队逼退回去，而那是麦克阿瑟将军麾下西南太平洋战区司令部的一支部队。盟军的空中兵力以及一些增援部队，于9月份阻挡住堀井富太郎前往莫尔兹比港的进军步伐，日本人最终开始撤退（由于物资的奇缺，一些日本人甚至开始吃人肉）。

与此同时，盟军的空中和海上兵力开始推进，并包围了巴布亚岛的最东端。到11月的时候，澳大利亚的部队在科科达小道沿线发起了进攻，而美国部队则沿着他们已经包围起来的北部海岸线前进，从而对日本人在布那和哥那地区建立起坚强堡垒的滩头阵地形成威胁。剩余的日本部队，至1943年1月末，都已经被彻底清除掉了。

瓜达康纳尔岛是此次战斗的焦点地区之一，那里的各种条件也是相当恶劣。5月，日本方面在图拉吉附近建立了一个水上飞机基地，而另一支小规模的部队则在瓜达康纳尔岛的一个机场上把守着。1942年8月7日，第一支美国海上师级部队登陆了瓜达康纳尔岛，并占领了那里的机场，还使其效力于盟军方面，将其命名为亨德森机场。起初的时候，海上部队并没有从海上得到很好的支援，而日本的增援部队开始进攻海上部队的滩头阵地。在长达六个月的顽抗期间，日本部队一直猛烈地发动着进攻，但是他们的进攻并没有得到很好的配合，因此在一系列严酷的战斗之后依然被击退了。1943年2月初，日军最终还是从这个岛屿撤退了。

海战

双方对获取物资供应和增援部队的努力，导致了六次大型海战的爆发，还有极大范围内的小规模交火。起初，日本方面占据着上风。1942年8月9日，在萨沃岛战役之中，夜间战斗的技术和更胜一筹的鱼雷设备，帮助一群日本巡洋舰和驱逐舰击沉了四艘盟军战舰，而自己却没有多少损失。

8月23日至24日，东所罗门群岛战役在主要的航母兵力之间展开，日军险胜；在接下来的几周时间里，两艘美国航母被潜水艇击沉。到那个时候，来自亨德森机场的飞机在白天主宰着瓜达康纳尔岛的周边水域地区；但是在夜间，日本的战舰则在海军上将田中赖三的率领下占据着优势，而这些战舰在海军之中有着"东京特快"的美誉。

10月26日，第二次航母大战爆发，那就是圣克鲁兹之战。虽然这场战役的结果并不是决定性的，但是战斗局势却在11月12日至13日以及14日至15日夜间发生的瓜达康纳尔岛战役中发生了逆转。到那时，美国军队开始学着如何使用他们更加先进的雷达设备来赢得夜间的战斗。双方战舰之间的战斗，绝不是一边倒的，但是好几艘日军运输船被击沉了。11月末，日本在另一场夜间遭遇战（塔萨法隆格之战）中获得了小胜。但是到此时，日军海军兵力的消耗已十分严重，因此到1月初，"东京特快"部队陷入被动，最后只得撤离这座岛屿。盟军在太平洋战争中的反击战，终于算是上了道了。

轻巡洋舰

在战斗中能够给己方提供良好保护的轻巡洋舰，简直是各种战役的女仆，另外它们也用来实施远距离的贸易保护任务、海岸炮轰以及其他不同任务。

搭载有大约150毫米口径炮弹的巡洋舰，应该是战斗之中最无所不在的战舰了。它们在海军作战部队中构成了一个核心部分，不论其规模大小，几乎在每一场战役中都是如此。

第二次世界大战的轻巡洋舰可以被分为如下三类：较大一些的军舰通常至少是符合《华盛顿条约》1万吨或更多一些的限制性规定，并搭载着12或15枚炮弹，通常是三重炮塔；较小一些的通用军舰则是 6000~8000 吨的标准，通常配备着 8 枚主要炮弹，就在双子炮塔之中；此外，6000 吨的对空巡洋舰装配着 10~12 枚双功能炮弹。

大型的轻巡洋舰

这种类型在很大程度上是战前太平洋军备竞赛的结果之一，开始于日本于 20 世纪 30 年代建造起的"最上"级战舰。它们的最高时速是令人震惊的 35 节，并有着 15×155 毫米口径的炮弹，并且有着相对适中的 8500 吨的排水量（但实际上它们早已超过了 1 万吨的水平）。

美国海军用其"布鲁克林"级来做出回应，而英国则是"南安普敦"级。它们的战时升级版，分别是"克里夫兰德"（美国）级、"爱丁堡"以及"斐济"（英国）级。它们的排水量大约都是 1 万吨，并配备了 12×152 毫米的炮弹，并配置在三重炮塔之中（"布鲁克林"级除外，其有着 15 种炮弹规格）。在战争期间，一些军舰将原来的炮塔卸掉，并用更小口径的 AA 武器来取而代之。

多数日本的大型巡洋舰，都属于重巡洋舰的类别。截至珍珠港事件发生之时，"最上"级已经被装备了 203 毫米口径的炮弹。

小型的轻巡洋舰

自 20 世纪 20 年代以来，美国和日本海军都拥有这种类型的很多艘巡洋舰，其中包括美国"奥马哈"级的 10 艘战舰。这种类型的巡洋舰，英国皇家海军在两次世界大战期间便想建造了，因为其将较远射程和威猛的火力完美地结合在了一起。比如说，20 世纪 30 年代中期的"利安得"级，就搭载着 8×152 毫米的炮弹，并可以达到 32 节的速度，还有 7200 吨的排水量。法国、德国和意大利都有与其差不多的军舰。

于 1935 年开始服役的德国最现代化战舰"纽伦堡"号，其搭载有 9×150 毫米的炮弹，在其他方面与英国皇家海军的战舰都非常接近。

法国和意大利海军则稍稍有着不同的侧重点。20 世纪 30 年代，意大利人建造了非常快速的战舰，而法国人也做出了相应的回应。意大利的"都卡德奥思塔"级（8500 吨，8×152 毫米炮弹），据说可以达到 37 节的速度。

AA 巡洋舰

在上述提及的巡洋舰之中，很多都相对限制了其 AA 的战斗力，因为它们的主要武器装备以及控制系统最适合于对水面目标的反击。随着战斗的进一步深入，各国海军之中的战舰都获得了额外的轻型 AA 枪炮，但是英国和美国也开始发现需要对巡洋舰配备经过极大改进的重型 AA 炮。美国海军的"圣地亚哥"级和英国的"狄多"级与"女武神"级，都开始搭载双功能枪炮的大型火力装置；"狄多"级的是 10×133 毫米，而"圣地亚哥"级的则是 12 甚至是 16×127 毫米的配备。所有这些也都是快速的军舰，能够达到 33 节或 34 节的速度，从而可以与快速的航空母舰并驾齐驱。

残暴的日本法西斯

日本的军事征服，残酷无情地剥削着被侵略国的人民，疯狂地掠夺着被侵略国的资源，给无数人带来了沉重的灾难。

1938 年，日本首相近卫文麿说出了日本的目标应该是在亚洲建立"新秩序"。1940 年，在一段时期的离职之后，近卫文麿重新担任首相职务，并宣布日本的计划是建立起一个"大东亚共荣圈"。

军国主义

自 20 世纪 20 年代晚期以来，日本变得更加军国主义化，军部非常有效地控制着政府。除了在中国扩大其侵略战争之外，在军队内部，不同派系毫不犹豫地暗杀政敌并开始筹备军事政变。当时日本的经济日趋工业化和军事化，商业和贸易联盟也开始处于政府的控制之下。

教育系统更加强调军事和民族价值观，比如说，学校教科书中的地图显示着，东南亚的多数地区乃日本帝国的组成部分。在这种背景下，特工或者特殊高级警察应运而生，他们会用酷刑以及其他高压手段来确保公民的行为完全符合政府的意愿。

在海外的暴行

日本在海外的统治现实，暴露了近卫文麿口号的实质。西方国家，主认为日本对战犯的虐待是极其残暴的反人类恶行。日本军人认为缴械投降是可耻的，因此他们会蔑视这么做的任何敌人。很多于1942年在菲律宾被擒获的美国战俘，都因为遭受虐待而死于非命，这就是所谓的"巴丹死亡行军"，其中大约有1.2万名英国人和澳大利亚人忍饥挨饿、遭受鞭笞并一直劳动到死，最后抛尸于暹罗至缅甸的铁路沿线，这些臭名昭著的事件简直举不胜举。

但是，相对于较少的西方人被置于日本人的股掌之下，针对亚洲人的暴行才更令人发指。比如说，其中就有90万名马来西亚人、泰国人和其他亚洲劳工死在了缅甸铁路线上。日本对其他亚洲人的态度显得更加残酷无情，并且要比任何其他殖民者都更加丑恶。

西方世界对这种现象的首度认识，是发生于1937年12月的臭名昭著的"南京大屠杀"，这一暴行在国际得到了广泛的报道。当日本军队占领了这里后，开始实施大规模的屠杀暴行，此外还有强奸、掠夺和纵火焚烧，日本残酷杀害了30多万人。在中国的整个战争期间，日本对平民和军事敌人并没有制定出区别对待的政策，他们奉行是"三光"政策，即杀光、烧光和抢光。

其他方面的手段也更加阴险毒辣。比如说，日本指使伪满洲国鼓励并扩大鸦片生产。他们将鸦片吸食者带到伪满洲国，并将其带到中国的其他地方，然后让其使用更加危险的吗啡毒品和海洛因复合物。这是他们精心策划的阴谋之一，目的是为了豢养起温顺的"良民"。而这个阴谋计划的收入，则被用来犒赏日本的关东军。

第四章 欧洲的奋起反抗

1941 年 12 月，在其部队被迫从莫斯科撤退回来之后，希特勒确信了他在东部战线的失败。至 1944 年中，轴心国部队已经从苏联境内被驱赶出来，同时也被迫从非洲地区撤退；意大利实现了和平；英美轰炸机从空中对德国发起连续的轰炸；盟军的陆军兵力做好了横跨海峡返回作战的准备，并发起诺曼底登陆。但是，在这些具有划时代意义的重大事件之间，依然还有很多艰苦卓绝的战斗，以及更多恐怖的痛苦经历。

就在这个时期，纳粹针对欧洲犹太人的屠杀运动，正值顶峰。东部战线经历了列宁格勒和斯大林格勒极其残酷的保卫战，还有在库尔斯克地区的最大规模的坦克战。西部盟军逐渐获得了自信和力量，起初是在北非地区的胜利，接着是在海面上和空中日益加强的战斗力，这些都第一次使希特勒的德国海军和空军部队，只留下曾经势不可挡的虚影。

在战后的回忆录中，丘吉尔这样写道："盟军的胜利，自美国加入战争的那一刻起，早就注定是不可逆转的。"虽然不免有后见之明的嫌疑，但也不失为一种客观陈述。

前往斯大林格勒和高加索山脉

虽然在东部战线第一次冬季战争中遭到了极大的损失，但是德国人依然准备在 1942 年再度发起疯狂的进攻。他们依靠先进的战略战术赢得了早期的胜利，但是最后一场决定性的胜利还是与之失之交臂。

在 1941 年 12 月的反击战中，在将德国人从莫斯科逼退之后，苏联人试图在东部战线上开展一次全面进攻。但春天的解冻期使这些作战计划全部泡汤，很显然的是，德国人将会在那个夏天再度发起猛烈的进攻。虽然德国部队得到了来自于匈牙利、罗马尼亚、意大利甚至西班牙增援部队的大力支援，但是他们已不再拥有在整条东部战线发起全面进攻的实力。希特勒决定将重心放在南部。他选择了两个目标：一个是推进到高加索地区，并最远抵达里海海岸线，然后控制那里的油田；另一个则是推进到斯大林格勒（即伏尔加格勒），并建立起一条防线，从顿河以北开始，一直延伸到沃罗涅什地区。

最初阶段的进攻

春末夏初的时候，德国人获得了新的胜利。在埃里希·冯·曼施坦因的率领下，德国人于 5 月在克里米亚半岛的进攻，将位于刻赤半岛的苏联部队予以歼灭，并在 7 月初期接管了塞瓦斯托波尔。5 月中旬，在哈尔科夫附近地区，苏联向北发起的一次进攻，遭到了毁灭性的打击。总共算起来，这些战斗使大约 45 万名战囚落入了德国人之手。

德国人的大规模进攻，开始于 6 月 28 日。沃罗涅什在数天之内沦陷，而苏联前线在德国人的进攻之下土崩瓦解。截至 7 月下旬，德军又攻占了罗斯托夫地区，并向南一直推进到高加索山脉地区。

但是，希特勒已经准备改变其当务之急的作战计划，并对其部队做出重新部署。7 月中旬的时候，弗里德里希·保卢斯的第六军得到密令，朝着斯大林格勒向东极速推进，而很多属于第四坦克装甲师的坦克部队，也转而加入到第六军大举进攻的右边侧翼，这支部队原本就是要率先冲进高加索地区的。为了完成这两个存在冲突的战斗目标，希特勒下令曼施坦因节节胜利的部队从克里米亚半岛撤出，继而向北推进到列宁格勒地区，从而完成对在那里誓死顽抗的苏联红军的毁灭性打击。

苏联人的回应

斯大林对德国人的进攻方向做出了错误的判断，因为他害怕对方会从南部向莫斯科发起进攻，因此他并没有事先部署好他的预备队兵力。

但是，苏联的总体组织效率却得到了极大的提高。新的生产被用来组建空军和坦克部队，而更多的权力被授予那些指挥官，一群有成效的将领，开始在高级岗位中占据要职。

在那个时刻，德国人的推进依然在继续着。截至 8 月上旬，第六军正在斯大林格勒以西的顿河一带摧毁着苏联的兵力。到 8 月末的时候，这支部队已经抵达伏尔加河一带，并与第四装甲师连成一片，就聚集在这座城市的数千米范围之外。与此同时，由于物资供应和空中支援都已经到达了斯大林格勒战区，在高加索地区的军事推进行动也只得被迫暂时停顿下来。无论对希特勒还是对斯大林而言，占领或者守住斯大林格勒，在当时是唯一事关重大的军事目标。

大屠杀

在带有许多残酷暴行的战争之中，一系列恐怖行动逐渐开始受到人们的关注。在希特勒的命令之下，纳粹德国试图将欧洲的所有犹太人全部屠杀掉，仅仅是因为他们的民族和信仰缘故。

在第二次世界大战中，被纳粹屠杀的犹太人中，至少有 250 万波兰籍犹太人，另有 75 万人来自于苏联，来自于匈牙利和罗马尼亚的犹太人也差不多是这个数字，另外还有人几乎来自于欧洲被占领的每一个国家。仅靠这个名单，还无法对其中涉及的惨无人道和卑劣行径做出阐释。

早期的迫害

虽然在战前德国以及 1940~1941 年西欧占领区的犹太人也曾遭到过迫害，但是并没有出现多少大规模屠杀事件。以纳粹的观点来看，东欧出现了一个不同的问题，他们旨在使自己的领土实现"无犹太人化"，而在这里却有着更多需要被清除的犹太人。1940 年，很多波兰籍犹太人被迫居住在各大城镇的"犹太人区"。这些地方都被故意弄得拥挤不堪、毫不卫生，并且每天典型的食物配比额都不到 200 卡路里。截至 1941 年中期，在华沙聚居区的 50 多万犹太人，每天的死亡数接近 2000 人。

即便如此，也依然无法令纳粹人的变态心理得到满足。紧密跟随在侵略苏联之军队后面的，是特别行动队，即纳粹党卫军的暗杀小分队，他们的任务就是杀掉犹太人和共产党人。截至 1941 年末，至少有 60 万犹太人被围捕、枪毙或者活埋。这些恶行都是在光天化日下干的，经常会有很多德国陆军士兵和其他人员在一旁拍照留念。

"最终解决"

到了这个阶段，居领导地位的纳粹开始寻找"犹太人问题的最终解决方案"，即找到屠杀欧洲所有犹太人的更简单方法。这个过程开始于 1941 年的秋天，并在一次纳粹高层会议上达到了高潮，那就是于 1942 年 1 月召开的"万湖会议"。

屠杀行动多数都是在波兰占领区专门建立的死亡集中营中进行的。从 1941 年末开始，来自于波兰犹太人聚居区的犹太人，成批地被运送到集中营，而后则是从德国控制的欧洲其他地区被运送到那里的犹太人。多数集中营会在犹太人一抵达的时候便将其杀死，但是最大的"奥斯威辛集中营"，则只会立即派送其中一部分犹太人前往毒气室，剩下的多数都会在各种工厂中干苦力，一直到最后死亡。集中营的幸存者于1944年向西行进，而随着苏联红军的挺进，他们依然需要忍受更多的苦役。1945年，少数几个身形憔悴的受害者终于被解放了。

德国、波兰以及苏联西部的多数犹太人，都惨遭死亡的厄运，但是在其他地方，他们的命运却并不完全一样。比如说，保加利亚政府拒绝将任何犹太人遣送到集中营，墨索里尼政权基本上都对他们不闻不问，而差不多所有在丹麦的犹太人都会偷渡到瑞典境内。

在所有国家之中，很多人都甘愿冒着生命危险来拯救犹太人，这在大范围和小范围内都有出现。相比之下，法国维希政府中的一些人则愿意在驱逐出境的过程中助他们一臂之力。而多数国家都会有一些合作者，他们专门帮助纳粹去干这种丑陋的勾当。

自1942年中期开始，英国和美国对正在发生的事情有了清楚的认识，但是，除了一些零星的言语抗议之外，他们并没有采取过能够减缓或阻止刽子手的措施。虽然对这种种族迫害做出了谴责，但无法改变这样一个骇人听闻的事实，即竟然有600多万犹太人已经被屠杀了。

战地炮兵

虽然坦克和飞机都有着引人关注的特大威力，但是第二次世界大战依然是一场由炮兵来主宰着的战争。在所有战线上，超过一半的伤亡都来自于炮兵火力凶猛的致命打击。

每支军队的火力核心，都来自于战地炮兵部队的中型口径炮弹。各个师团都会配备一支炮兵部队，专门用来援助师团部队的进攻，而其通常都是在一支炮兵连基础上建立起来的（炮兵连可能有六门大炮），其存在于每一个步兵或坦克营的编队之中。战地炮兵的大炮，通常都发射75~105毫米口径的火力炮弹，重量在10~15千克间，而射程则是12~15千米。

武器类型

炮兵部队的典型武器，便是美国陆军的标准M2A1型105毫米榴弹炮，这一模型自1943年以来便开始投入使用，并一直使用到越战时期。与多数类似武器相同的是，M2A1型可以发射出不同类型的炮弹，其中包括高爆弹（简称"HE"）、高爆反坦克榴弹、白磷弹、烟雾弹甚至是"传单炸弹"。不同的火药装药方式，也专门因射程不同而设计好了。

德国的标准武器，即105毫米leFH 18以及经过轻微改进的leFH 18/40型，基本上是完全相同的。英国的主要野战炮，是25pdr规格、87毫米口径，其发射的是稍微小一些的炮弹。但是，其在射程上并没有任何损失，并得到了快速开火功能的弥补。苏联军队的炮兵武器，是一种小型炮的混合体（76.2毫米口径的M1936、M1939或M1942型炮及其他）和更加重型的122毫米类型（M1931枪炮和M1938榴弹炮以及其他）。122毫米口径的榴弹炮，有着与上述野战炮类似的射程，并可以发射21.8千克的炮弹。

意大利和日本都拥有不同的75毫米和105毫米口径的武器，而其在性能上与前面提及的类型完全可以媲美。但是，这两个国家都没有在战斗中非常有效地运用自己的炮兵部队。

组织

令人惊讶的是，与第一次世界大战相比，第二次世界大战中军队所使用的炮兵武器要更少一些。这主要是因为，炮兵战略已经发生了改变，而用来控制炮兵火力的技术已经得到了极大的提高。

第一次世界大战炮兵都主要致力于准备阶段的轰炸任务，这是在战斗推进过程中的炮轰计划，专门用来摧毁敌军阵地，并旨在瓦解敌军的兵力。德国和西方盟军在第二次世界大战中并没有给这种类型的行动给予太多的重视，因为他们都认识到，这在效果上非常有限，并经常会起到相反效果。相反，在一次行动正在实际进行之中的时候，他们更加强调中和一些火力，其目标就是压制敌军火力及其调动的能力。

虽然苏联红军组建了一支大规模的炮兵部队，但是其运用起来却显得不够老道，特别是在战争爆发后的最初几年中。炮兵连的指挥官，可能是唯一一位能够对更加精确的射击计划做出设计的人，因为他们的下级甚至可能是文盲，并且都没有用来设定转换目标时间的手表。

通讯联络也在其中起着至关重要的作用。西部的炮兵连部队，通常会配备前沿观察官（简称"FOO"），此外还配备了引导和调整火力的无线电设备，并且还拥有在炮兵连部队之间准确互相联络的方式。一名前沿观察官可以要求开火，这不仅仅限于他自己所在的炮兵连，在某些场合，也可以在极短时间内对数百架其他战炮发出这一指令。这个过程需要得到不同标准模式和开火时间表的辅助，这样就可以很快被应用于无数个炮兵部队。先进的英国和美国炮兵组织，是在1943~1945年间建立的，其在盟军获得胜利的过程中也是一个举足轻重的因素。

斯大林格勒保卫战

斯大林格勒保卫战，一般被认为是第二次世界大战的转折点。在此之前，德国所遭到的任何败仗都是微不足道的，充其量只是一些轻量级的挫折而已，但是在斯大林格勒遭遇惨败之后，希特勒开始声嘶力竭地对其属下将军大声咆哮，因为他就此而输了这场战争。

事件重点：
时间： 1942 年 9 月 12 日 ~1943 年 2 月 2 日
地点： 斯大林格勒
结果： 德国第六军并没有占领这座城市，而其自身却被歼灭

1942 年夏，随着德国向斯大林格勒地区的地面部队推进，战争开始引起当地人民的热切关注。起初，斯大林禁止平民的任何疏散行动，这是为了防止出现这座城市可能要沦陷的谣言。在工厂之中的工作也在继续进行之中，他们需要生产立即可以投入使用的武器。之前的一些拖拉机工厂也开始生产可以直接投入到战斗之中的武器，有些枪炮非但没有刷漆，而且经常连瞄准器都没有。尚未参军的男性会被编入到民兵部队中去，并且在未经过任何训练的条件下便直接投入战斗——这无疑会导致大量的伤亡。妇女和儿童也投入到挖掘战壕和建造防御工事的苦役中去，更有许多妇女加入到防空炮兵的行伍之中。

向这座城市发起进攻

9 月 12 日，第一支德国部队向这座城市进发。德国人选择直接攻击市区，不久之后便卷入到极其残酷的巷战之中。苏联方面的战术，是尽一切可能在靠近德国防线的地方建立起前沿阵地。因为在这里，是可以免遭德国空军和炮兵轰击的最安全地方。

在 8 月末的时候，斯大林派出了他的顶级将军格奥尔吉·朱可夫，专门去监督巡视整条南部前线。而现在一名新的司令官，即瓦西里·崔可夫，接管了在这座城市之内的第六十二军。当朱可夫准备发起最终的反击战时，崔可夫也将其部队投入到战斗中去。一支稳定的增援部队被运送到前线，并越过伏尔加河来到这里的废墟，并且非常及时地赶到（虽然出现了数次的危机），其至少守住了这座城市的部分领地。

苏联方面的损失是巨大的，但是德国的伤亡人数也在上升。9月末一直到10月中旬，德国人开始越来越接近胜利，但是保卫者们仍顽强地守护着这座城市北面工厂区的一小部分地方。

德国人的软肋

对斯大林格勒的推进，也给轴心国带来了其他影响。在那个夏天，希特勒开除了好几位手下的顶级将领，因为他们在战略计划上持有异议。现在，他亲自执掌指挥决定权。向斯大林格勒的推进，极大拉长了德国人的战线，因此，两只罗马尼亚部队和一只意大利军队，也被带入到第六军和第四装甲师的侧翼。罗马尼亚军队的战斗士气非常低落，并且也未受过专门的训练，武器装备上亦非常落后。他们将成为苏联反击计划中首当其冲的目标。

11月19日，苏军袭击了斯大林格勒的北部地区，并在第二天推进到南部。罗马尼亚军队开始遭到毁灭性打击。在一周之内，两支进军的苏联红军部队顺利会师，并将斯大林格勒剖成两半。保卢斯开始请求突围的获准权，而在那个阶段，大概也只能出此下策了。但是，希特勒做出了回绝，并承诺会给被围困的军队提供空中支援。埃里希·冯·曼施坦因将军就这样介入进来，并领导了一次解救尝试，它几乎将手伸进了被包围起来的口袋，但却在圣诞节前被迫撤退回来。

与此同时，对斯大林格勒被冻结机场的空中支援，也使德国空军付出了数百架运输飞机的代价，并只运送了一部分必需物资。由于燃料和弹药短缺，加上逐渐严重的饥荒，德国第六军现在面临着四面受敌的困境，而对方占据着更大的优势，失败的结局不可避免。1943年2月2日，德国的最后一支部队在这座城市缴械投降。

步兵武器

在陆地战中的战斗,非常依赖于步兵团士兵个人武器的质量。美国海军陆战队的士兵都被教导过:"我的步枪是我最要好的朋友……枪在人在,枪亡人亡。"

在第二次世界大战之中,所有军队中最常见的个人武器,便是手榴弹、冲锋枪和步枪。

在各个战争的实战场地之中,手榴弹在每一次交火中都是最关键的武器,并且使用数量非常庞大。一些手榴弹还同时拥有进攻型和防御型的不同款式,前者主要依赖于爆炸的效果,而后者则还会额外迸发出碎片或榴霰弹。特制的手榴弹,还包括烟雾弹和燃烧弹两种类型。从外观上看,手榴弹有着两种主要的类型:鸡蛋型的,比如英国的 No.36 系列手榴弹,其是在第一次世界大战蛋形手榴弹的基础上改进的;长柄形的,比如德国 24 型柄状手榴弹。

步枪

1939 年,如之前数十年来一样,各国军队士兵使用的标准武器,是一种弹仓式的单发步枪,其射出的子弹大约为 7.7 毫米口径。这样的子弹是一发致命的,在理论上也可以达到精确的射击,而射程可以远远超过 1000 米,如果有人在那个射程的三分之一距离处遭到精确瞄准后的射击,那么绝对是一次不幸的阵亡。

这种武器的最佳款式就是美国的标准步枪,即 7.62 毫米的 M1 加兰德型。这款步枪的优点在于,其有着半自动的设计。多数其他主要步枪都是旧式的螺栓步枪(即手动步枪)。英国的 7.7 毫米李 – 恩菲尔德 No.4 系列步枪,或许是其中的佼佼者,因为其机械操作可以更加快速地予以实现。但是,其他类型,比如德国的 7.92 毫米毛瑟 98K 步枪，也是相当结实耐用的，并且射击精确，安全可靠。

冲锋枪

一直到第一次世界大战最后几个月的壕沟战斗之中，冲锋枪才开始投入使用。它们具有比步枪更高的远距率射击速率（只要弹药供应得上就行），但很难让训练有素的士兵做出精确的点射，而且射程范围也很有限，因为其装载的是火力较弱的手枪子弹。

苏联红军和德国陆军都在极大范围内使用了冲锋枪。其中最常见的苏联设计（大约有 600 万支被制造出厂）是 7.62 毫米的 PPSh–41 型。这种武器造价低廉，但是结实耐用，其弹匣中装有十分管用的 71 发子弹。德国也生产了一系列冲锋枪，主要基于 9 毫米口径 MP38 式和 MP40 式（其被误认为是施迈瑟式）的设计，因此不但效果甚佳，而且得到了极为广泛的应用。

在战争的早期，英国和美国所使用的主要设计，是 11.4 毫米的汤普森式，其更加精确，并且要比其他冲锋枪更加安全可靠，但是非常笨重，而且比较昂贵。英国和美国也都生产了实用的战时武器设计，即美国的 11.4 毫米 "M3 黄油枪" 和英国的 9 毫米斯特恩式轻机枪。英国的斯特恩式轻机枪，射击精确度不高，在可靠性上也是褒贬不一，但是它们的造价非常低廉，并且容易制造。所以在敦刻尔克大撤退之后，当需要给一支大规模部队配备武器的时候，便开始着重考虑到它，其中很多也被派送到反击团体。

突击步枪

在战争的后来几年中，德国人开始引进很多种半自动式的突击步枪，其包括了很多优点并避免了传统步枪和冲锋枪经常出现的一些缺陷。最重要的设计就是 "风暴步枪 44 式"，其使用的是一种全新的 7.92 毫米弹夹。这种弹夹在战后的几年中，可以被 AK–47 卡拉什尼科夫冲锋枪继续使用。

除了上述这些之外，在所有国家的海陆空部队中都会使用手枪

（既是左轮手枪，又是自动手枪），并且在设计款式和口径上都有非常大的选择范围。这些武器在战斗中经常被用来当作一种近距离的作战武器，并且是最后的防身武器，但很少会被当作第一选择的战斗武器。

苏联的冬季胜仗，1942~1943

在围绕斯大林格勒保卫战而展开的一系列胜仗鼓励下，苏联人的进攻在 1942~1943 年的冬季继续延续着。现在，他们要比之前更加强大，并且有着更好的武器配备，因此也重新获得了在 1942 年曾经失去过的所有领地。

1942 年至 1943 年的冬天，对斯大林格勒的收复以及对德国第六军团的彻底摧毁，都只是苏联发起全部攻势中的一部分。

从 1942 年 12 月 12 日开始，德国的曼施坦因意图重新解救斯大林格勒，并首先展开了经过周密安排的推进计划，不过当时的气候条件非常恶劣。数天之内，苏联军队对德军侧翼发起了进攻，并对其构成威胁。开往北部地区的意大利第八军遭到摧毁，即便是奔着斯大林格勒推进的那支部队，也因为遭到猛烈的抵抗而被迫放缓下来。截至该年年末，曼施坦因的部队不断退却。在南部，苏联的斯大林格勒前线部队对罗斯托夫发起了进军，并在高加索地区将德国第一集团军拦腰斩断；顿河前线越来越靠进了斯大林格勒的包围圈；西南前线正将顿河大弯道以西的整片区域予以解放。

新的苏联攻势

1943 年 1 月，苏联的攻势开始延伸到北方地区。再一次地，一个德国附属国的军队成了最初的目标。沃罗涅什前线以摧枯拉朽之势突破了匈牙利的第二军，后者与意大利和罗马尼亚的军队一样，不但实力薄弱，而且配备低劣。在几天之内，匈牙利军队就被彻底摧毁，而奔赴北部地区的德国第二军，也被击退回去。

在南部不远的地方，希特勒授权第一集团军从高加索地区撤退回来。第一装甲师的机动部队，于1月末成功从罗斯托夫地区穿越后逃离。但是，第十七军缓慢移动的步兵，被推往东部地区，并进入克里米亚半岛对面塔曼半岛的一个桥头堡。

苏联的指挥官们现在心中有了新的目标。在北部侧面，他们同时向库尔斯克和哈尔科夫地区推进，并准备在南部跨过顿涅茨克，然后冲往第聂伯河，将曼施坦因的兵力隔离开来。这些进攻都是在1943年1月的最后几天时间里发起的。

苏联人计划加强这些进攻，但需要转移部队，这支部队占领了斯大林格勒，现在需要让它奔向主要的战斗前线。这一行动所花的时间要比原来计划的更多一些。

最后的推进

苏联人在2月初顺利占领了库尔斯克和罗斯托夫，并在该月中旬通过了哈尔科夫，但是这支部队也逐渐开始变得疲惫不堪。该月中旬，希特勒对他的兵力做出了重新部署，并让他手下最精明能干的曼施坦因负责率领所谓的南路集团军。与此同时，苏联的进军也开始暴露出一些弱点，而德军的撤退则缩短了他们的防线。所有这些加到一起，都为德国人的还击制造了一次机会，而这次还击就在2月中旬发生了。

突击炮

坦克炮塔造价比较昂贵，很难建造起如此重型的装甲战车，因为其要在更加简单、横截面有限的顶上承载威猛的枪炮。不过在第二次世界大战期间也有了很多数量的生产，并在东部战线得到十分有效的应用。

这种类型的武器,几乎就是德国和苏联两国军队的专属配备。它们要有一定程度的装甲保护,可以用于支持进攻部队和坦克的直接火力支援。（英美联军中的自力推进枪炮,在机动式的炮兵和反坦克枪炮种类中有所提及,与其一起的还有其他苏联和德国的设计。）

即便有着很多局限性,属于这种类型的战车数量依然十分庞大。苏联方面的类型包括 SU–45、SU–57、SU–76、SU–85、SU–100、SU–122 与 SU–152,以及 JSU–122 与 JSU–152 设计等（其中的数字主要显示其配备大炮的口径）。德国也生产了类似的设计。

第一设计

德国的三号突击炮,是在三号装甲车底盘的基础上改进的,是这种类型武器中最出名的。这一设计的不同版本,自 1940 年以来,便在整个战争中服役。实际上,其也变成了德国生产最多的装甲战车（简称"AFV"）,数量高达 9000 辆。

起初的时候,三号突击炮只是为步兵增援部队而专门设计的,其有着较短的 7.5 厘米口径的大炮,并安置在向前的超级结构之上。后来的模型先是增加了一个 7.5 厘米的大炮,后来则是更大口径的,从而获得了颇为有效的反坦克能力。还曾有过另一种类似的四号突击炮,以及适合 105 毫米榴弹炮的版本。具有同等能力的改进战车,就是"追猎者"坦克歼击车,这种设计是在 PzKpfw 38（t）底盘的基础上改进的,同样也搭载有 75 毫米口径的大炮。

属于不同种类的,是其他"坦克歼击车"战车,这种类型的三种战车,都是值得一提的。

首先是"象"式坦克歼击车,或称"斐迪南"坦克歼击车,是在"虎"式坦克基础上的一种选择性设计。其搭载有最坚不可摧的著名的 88 毫米口径主炮，并位于厚重装甲的后面。但由于其在机械运动上不甚可靠，并且缺乏防御步兵攻击的二次装甲，因此其并不是一种成功款式。

"猎豹"坦克搭载着同样的主炮，并有着良好的装甲和机动性，总而言之，其应该是战争中最具威力的坦克歼击车。其有着更大型的同时代款式，即"猎虎"坦克，顶上装载着一架巨型的 128 毫米口径的炮，是战争中威力最猛的反坦克枪炮，而其后方的装甲厚度厚达 250 毫米。其缺点是比较笨重，并且也不甚可靠。补充说一点，虽然火力威猛，但这些类型的总体产量大约是 90 辆"象"式、390辆"猎豹"式以及 80 辆"猎虎"式，这完全不足以避免德国的溃败。

苏联的回应

苏联的第一款重要设计，便是 SU-76 式。该战车载有 M1942型 76.2 毫米主炮，并且是在轻型坦克底盘的开放式顶端之上。这一设计是为了对德国三号突击炮做出回应，超过 12000 辆此类战车被生产出来。火力更加威猛的是于 1943 年被引入的 SU-85 式，以及于 1944 年末的 SU-100 式。与德国的坦克歼击车相比，这两款都没有同样级别的装甲，但是 SU-100 式还特别配备了专门对付德国AFV 战车的威猛火力。相比之下，到 1945 年年中，至少有 1500 辆SU-100 式被建造完成。

最重型的苏联突击炮类型，载有 122 毫米和 152 毫米的主炮。这些武器并不是专门为反坦克而设计的，但是它们的重型炮弹却意味着，它们依然有着同样重要的反坦克能力，并且经常在实战中扮演起这种角色。

宣传、艺术以及流行文化

由于第二次世界大战实际上是一场全面的战争，因此每一个地方的作家、艺术家、电影拍摄者、记者以及广播公司，都在战争中扮演起一定的角色。

在一些国家中，艺术、娱乐以及大众信息只是国民生活中的一部分，但都要吻合国家的利益，不论是在战争或和平时期都是如此。在另一些国家中，这种局势相对并没有那么旗帜鲜明，但总体而言，不论是流行还是严肃艺术家以及媒体人，都会肩负起一种使命感，并要给各自的战争努力做出一些贡献。

绝对的控制

在美国和德国，甚至是在日本，在局势上都存在很多的相似性。在这三个国家中，审查制度是十分严格的，如果未获官方的正式批准，不得公开出版或发布任何信息内容，而对统治政权任何形式的批判也是不能容忍的。纳粹对无线广播的威力，有着特别清楚的认识。他们确保了那些廉价无线广播设备在德国境内的广泛使用，但是也查没了很多被占领国家的无线广播设备，并在他们的控制之下禁止任何人收听盟军的电台。

德国和苏联对他们敌人的描写，都是极富贬低意味的。纳粹将共产党人和犹太人予以妖魔化，而且不需要任何的细说；而在苏联方面，众所周知的公开材料都包括类似的字眼："杀死他"和"我所憎恶的"。

在英国和美国，对轴心国力量的描述相对温和一些，不过也有一些颇具知名度的战时电影，比如《百战将军》，就遭到某种程度的批判，因为其将德国人描述成大方得体的人。交战双方的共同点就是，差不多所有好战国家的报纸发行量都得到大幅的攀升。

广播媒体

在英国和美国，出版业和广播媒体的所有者和经营者，通常都乐意遵守官方的意愿，即他们不会向敌人泄密，即便他们心存不满，也只会将对政府的批判采取缓和的方式。而政府也不会寻求对印刷业或广播业的独裁。

在欧洲，很多人都会偷偷收听 BBC 节目，部分原因是他们知道这个节目的新闻一直以来都比较客观，即便其并不能将所有事实都大白于天下。但是，德国人的英语广播则在英国遭到嘲弄，因为其主播威廉·乔伊斯（被称为"呵呵勋爵"）的风格过于虚假，而他经常给听众讲述的故事都显得非常滑稽可笑。

电影应该是最有力度的文化媒体了。除了主流题材的作品之外，来自于好莱坞和德国的电影，包括了很多制作简单、逃避当时困难时期现实的娱乐节目。具历史意义的史诗性作品，主要回忆过去在德国和苏联时常出现的爱国者与英雄，其中就有《俾斯麦》和《伊凡雷帝》等。在英国，劳伦斯·奥利弗主演的《亨利五世》也是类似的题材。

对很多人来说，流行音乐和流行歌曲都是舒适和快乐的源泉之一，其还可以跨越国界。1943 年，在非洲战场发生了一次意外事件，其中一支英国士兵组成的编队在突尼斯境内发起了他们的胜利大游行，并经过了一支轴心同盟的纵队，这两支部队竟都在吟唱着《莉莉玛莲》这首歌。

阿拉曼之战与挺进突尼斯

虽然在规模上无法与东部战线的大规模战役相比，但是阿拉曼战役一直被看成英国对德作战的转折点。更多艰苦卓绝的战斗依然继续着，但是在阿拉曼战役之后，对盟军的形势开始越来越有利了。

事件重点：

时间：1942 年 10 月 23 日~11 月 4 日

地点：埃及西北部

结果：意大利和德国军队被击败，并被迫退守到利比亚西部地区

虽然对埃及的冲击在 1942 年 7 月的阿拉曼第一次战役中遭到搁浅，但是隆美尔依然急切地希望再度发起进攻，只要他的部队得到增援。与此同时，英国首相丘吉尔也委任了一个新的指挥小组前往英国部队守卫的埃及，并让伯纳德·蒙哥马利将军负责第八军。

英国的新计划

在接管军队之后，蒙哥马利便开始调整英国兵力，而首当其冲的就是重整士气，因为其在当年早期的几次灾难性战斗中遭到了挫败。他比以往任何时候都更加清楚地指出，绝不能后退，并将其部队做出了新部署，从而将火力集中起来，而不是跟着德国人的步伐走。因此，当德国人后来于 8 月 30 日发起进攻的时候，英国部队一直坚守着。9 月 6 日，德国人已经被迫撤退到他们之前出发的地方。在这场哈尔法岭战役中，盟军部队获得了全胜。

德国人被击败的首要因素，是因为物资短缺。他们是从几百千米之外发起行动的，而欧洲和北非之间的线路，一直遭到盟军空军和海军越来越猛烈的攻击。这些突袭，很多都来自于马耳他岛，而其在当年曾遭遇到非常严重的轰炸。

在哈尔法岭战役之后，丘吉尔希望蒙哥马利能够发起直接的攻击，但是后者却拒绝了，并坚持认为，他应当获准先对自己的部队进行一番实实在在的重整。然后，他于 1942 年 10 月在阿拉曼发起了进攻，而第八军也拥有二对一的人数优势，坦克和枪炮以及空中的极大优势也是存在的（轴心国兵力的多数，则都是由战斗力微弱

的意大利军队组成）。

隆美尔早已通过利用布雷区和其他防御手段的方式，建筑了一个坚不可摧的阵地，但是蒙哥马利也非常小心翼翼地重整了下属的部队。他可以确信的是，他的步兵、坦克部队以及炮兵连等，完全可以相互协作，而这在之前的沙漠战争中是非常罕见的。

阿拉曼之战的胜利

在盟军最初的推进之后，又发生了接连几天的消耗战。逐渐地，给轴心国防御提供主要支持的德国坦克部队，被消耗得够呛。11月2日，隆美尔向希特勒发信说，他不得不做出撤退的决定。希特勒的回应，又是他一如继往的不太现实的"不准撤退"命令。但是"将在外军令有所不受"，在开始投入这场战斗的时候，隆美尔曾经率领着500辆坦克，而现在只剩下几十辆了，因此他也毫无其他选择。11月4日，他最终放弃了他的整个防御阵地。

在某种程度上，可能是因为蒙哥马利并没有穷追猛打，因此轴心国剩余的多半兵力都得以逃之夭夭。紧跟着的是更大规模的撤逃，此时对隆美尔来说甚至是十分必要的，因为自11月8日开始，英美的"火炬"计划开始实施，他们在非洲的西北部登陆了。

在短暂的停顿之后，物资供应终于得到补给，第八军在大约推进了1500千米之后，于1943年1月23日占领了的黎波里。尽管德国人不断进行破坏，但是英国人依然能够在某种程度上继续使用港口设施，并持续到那个月的月末。

轻装甲机动车

随着战争总体机械化程度的日益提高，自然而然的结果便是，侦察与其他辅助功能也开始由装甲机动车来填补空白。装甲车及其他运载工具，也开始在欧洲战场的所有部队中激增起来。

　　在第二次世界大战中，军队都开始使用装甲机动车来实现侦察和支援任务。几十种不同类型的装甲机动车被制造出来，其中的多数都有着完全不同的变化款式，因此本节自然也只能选择其中一部分进行讨论。

英国和美国的类型

　　最初，生产量最多的装甲机动车是英国陆军的布伦式，这一款式总共生产了10万多辆。其可以运载一架机关枪或迫击炮，以及用于军事行动的弹药，并带有一架轻型反坦克炮，或用于侦察，或用于其他很多任务。

　　英国也是有轮装甲车及侦察车的忠实用户。产量最多的类型，当属"戴姆勒·野狗"侦察车和霍博侦察车。有6000多辆双人"野狗"侦察车被生产出来。其有着30毫米的装甲，以及防爆安全轮胎（即"漏气续行"），还有着5前5后的传送设备。霍博和戴姆勒也生产了最常见的装甲车，这两种类型都是于1941年开始投入使用的。重型装甲车包括了本地产的，以及美国制造的T17"猎鹿犬"装甲侦察车。英国也依赖于美国产的不同（通常都是半履带车）军队运载车和类似的其他机动车。

　　与英国不同的是，美国建造并使用了相对较少的装甲车类型，其最重要的类型是M8式，其在英国军队中的大名是"灰狗"战车。这种款式搭载有一架37毫米口径的主炮，并在一开始就被设计成坦克歼击车的款式。最重要的美国侦察车，是怀特M3式，其总共生产了2万辆。这一款除了驾驶员之外，还可以运载7个人。

　　美国和德国的军队都广泛使用了半履带式机动车。这些都有着全履带式机动车的很多越野性能，但是建造工序简便，造价更低廉，因为它们有着更加简单的有轮操作。美国的模型包括更小一些的M2和M9式，还有更大一些的M3和M5式。M3和M5式是9吨重的战车，其可以运载一整支步兵分队。所有这四种都广泛应用于日常的前线运输任务之中。此外，还有很多不同款式，都搭载着防空、反坦克以及密接支援的武器。很多美国的半履带式战车和侦察车都被供应给了苏联。

德国的设计

在德国半履带式的级别之中，体型最小且最不常见的，当属 SdKfz 2 型摩托履带车，它其实就是一种半履带式的运货摩托车，总共有 8000 辆的生产量。更重要的是更加常规的 5.9 吨 SdKfz 250 型及其衍生型号，此外还有更大型的 7.9 吨 SdKfz 251 型及其不同的变种款式。这些类型在机动性上都要比美国的 M2 或 M3 式稍差一些，多半是因为前轮部分并没有安装动力驱动，但它们也可以服务于差不多类型的部队任务、运输任务和武器运载任务。很多都被用来当作指挥战车，并在战争早期配备了大而显著的"床架"天线，专门为它们运载的无线电设备所用。

德国也有一大堆 4 轮、6 轮和 8 轮的装甲车。其中 4 轮的 SdKfz 221 型是一种 4 吨重的机动车，可容下 2 名机乘人员，还配备了一架机枪。而 6 轮的类型则是战前的设计，大概在 1941 年从军中被大规模撤换下来。自 1937 年起，它们就被 8×8 的类型所超越了。

8 轮的 SdKfz 232 型，运载着一架 20 毫米口径的加农炮，还有一架机枪（令人不解的是，另外还有一种 6 轮的 SdKfz 232 型以及其他重叠的名称）。这是一种 8.8 吨的机动车，可载有 4 名机乘人员，其中包括一名副驾驶员，其负责以相反方向驾驶这一战车。最重量级的款式，当属 SdKfz 234 "美洲狮"，其载有 75 毫米口径的反坦克炮。

火炬行动以及在非洲的胜利

1942 年，在火炬行动中，美国军队在欧洲战场打响了第一次战斗。在遭到挫败和更多艰苦战斗之后，盟军于 1943 年 5 月获得了北非战场的胜利，而对德国形成的包围圈也开始缩得越来越紧。

事件重点：
时间：自 1942 年 11 月 8 日开始
地点：非洲西北部
结果：盟军成功在摩洛哥和阿尔及利亚地区登陆，但是德国的增援部队也涌入到突尼斯地区，从而减缓了盟军的推进速度。

自 1941 年年初以来，美国的参战，开始使欧洲战场的形势渐渐有了改观。从一开始，美国陆军的领导者们便确信，击败希特勒的途径就是要通过一次自英国出发的跨海峡作战。罗斯福总统下令，美国部队必须在 1942 年期间被派遣到对德作战的行动中去，因此最后的决定是，要在摩洛哥和阿尔及利亚地区登陆，从而清除轴心国在北非的兵力部署。

摩洛哥和阿尔及利亚是法属殖民地，其控制者是贝当·维希的政权。英美关系在 1940 年出现了一些尴尬，因此美国人率先引导了登陆前的协商，并试图说服维希政府在非洲的大规模兵力领导人不要对盟军的推进做出抵抗，而是要加入到更小规模的"自由法国人"部队——后者早已在盟军一方投入战斗了。在此事件中，法国人确实并没有对登陆做出顽抗，但是花了几个月时间的政治口角才组建出一支联合的"自由法国人"部队。

火炬登陆行动

这次被称为"火炬行动"的战斗，是于 1942 年 11 月 8 日打响的，正好是盟军第八军在阿拉曼获得胜利的四天之后，这次行动最终将意大利人和德国人驱逐出了埃及地区。如果顺利，这次进攻应该深入到突尼斯，但是这个计划遭到拒绝，因为这样太危险了。相反，登陆地选择在摩洛哥的大西洋海岸，靠近卡萨布兰卡，并位于阿尔及利亚的阿尔及尔和奥兰地区周围。英美联军，即第一陆军，立即开始朝着突尼斯前进，但是此时未免也太晚了。

德国陆军元帅阿尔布雷希特·凯塞林，是非常精干的总司令官。11月9日以后，他开始将军队、坦克和飞机从西西里岛转移涌入到突尼斯境内，与盟军展开了对抗，并使其停顿在突尼斯西部崎岖不平的山路之中，展开了一系列艰苦的战斗，时间从当年11月一直持续到1943年的1月初。

突尼斯之战

1943年2月，轴心国在突尼斯的兵力已经跟隆美尔的军队会合，而这也顺利完成了其从埃及的撤退行动。盟军第八军依然使出浑身解数来充分利用的黎波里港口，因此还并没有充分准备好进一步推进到突尼斯的南部地区。这给了德国人一次机会，让他们对第一军发起进攻，这次进攻是在2月14日发起的。

在凯萨林之战中，经验不足的美国军队成了轴心势力进攻的首要目标，因此遭到惨败。美国和英国的增援部队，冲击到被威胁的地区，从而防止了一次关键性的突围，接着逐渐于2月下旬收复了失地。乔治·巴顿将军接管了美国在突尼斯地面部队的指挥权，而他的领导很快提高了军队的作战效率。

3月初，第八军粉碎了德国的一次尝试性进攻，而在当月的后来时间里，即在艰苦卓绝的马雷特战役中，将轴心国兵力驱逐到了他们在突尼斯南部主要防线的外面。

4月，第一军和第八军继续发起进攻，最终于5月推进到比塞大港口和突尼斯地区。经过一场决战，最后剩余的大约25万轴心国兵力终于在5月13日缴械投降，非洲完全置于盟军的控制之下。

德国的还击战：从哈尔科夫到库尔斯克

在哈尔科夫的反击战失利促使希特勒下令对库尔斯克发起新的进攻。然而一支在俄罗斯的德国主力进攻部队竟然突围失败，这便清楚地表明，苏联人现在开始赢得他们伟大卫国战争的胜利。

事件重点：

时间：1943 年 7 月 4 日至 13 日

地点：东部战线奥廖尔和哈尔科夫之间地带

结果：德国兵力并没有在这场最大的坦克战中获得突围。

1943 年 1~2 月，苏联的军事进攻已经推进到德国占领土地的深处，占领了哈尔科夫地区，并威胁着第聂伯罗彼得罗夫斯克。在这一突破口的北部地区，德国中央集团军在奥廖尔附近地区坚守着，而在南部地区，曼施坦因的南路集团军也拥有较好的防守阵地。曼施坦因现在已经拥有几支坦克装甲师，其中包括配备精良的强大的纳粹武装党卫军。他已经准备对位于这些阵地工事之间的苏联进攻者发起转败为胜的反击战。

哈尔科夫之战

在 2 月份的下半月中，曼施坦因的坦克部队对苏联在第聂伯罗彼得罗夫斯克附近的先头部队发起了攻击。到月末，苏联的四个坦克机械化军团（其中每一个都相当于一支德国装甲师）都被彻底粉碎，而其中的幸存者也被逼退到顿涅茨克地区。

在春天解冻之前，在利用了最后几天结冰地面之地理优势后，曼施坦因的坦克部队接下来奔向了哈尔科夫地区，并在 3 月 16 日占领了这个地方。希特勒因为这次重大的收复失地而感到精神振奋，即便是在后来哈尔科夫沦陷之前，他仍然下达了发起新一轮进攻的命令，并在北部以库尔斯克为中心的苏联较大突出部地区与苏军做殊死搏斗。

作战大本营

虽然德国人可能已经在冬季付出了 50 多万人的伤亡代价，但是希特勒依然相信他们能够重新收复在东部战线上的战略要地。与此同时，还要为东南欧在该年间随时可能发起的英美联军进攻做好防范准备。很显然，德国部队，特别是其坦克部队，在战斗中依然要比苏联红军更胜一筹。希特勒也相信，如果新的虎式坦克和猎豹坦克投入使用，那么就会给德军筑起一道更加坚固的战斗防线。

德国对第九军的计划安排是，让陆军元帅古恩特·冯·克鲁格的中央集团军，向苏军突出部的北面侧翼发起进攻，而来自曼施坦因麾下南路集团军的第四装甲师打入南部侧翼。最初，希特勒准备于 5 月发起进攻，但他一直将这个计划一拖再拖，一直到更多的新坦克全部配备完毕。

对斯大林方面来说，朱可夫与总参谋长亚历山大·华西列夫斯基（实际上是一个指挥小组）决定首先要做好防守，同时也准备在库尔斯克的北方和南方发起进攻。在间谍和其他情报机构的帮助下，苏联人对德国人的计划有了充分的了解，因此他们大规模加强了其受威胁地区的防守。

德国的进攻于 7 月 4 日开始，但从一开始就遭到了猛烈的抵抗。在北部地区，第九军以及七个坦克装甲师率先发起进攻，但只是取得了一点点的进展。接着，苏军开始投入使用他们的预备队兵力。7 月 9 日，克鲁格告诉希特勒，他无法实现突围。12 日，苏联人开始了他们在奥廖尔北部的进攻，而克鲁格只得被迫撤退。

在南部前线，对德国人来说，局势似乎有转好的迹象。在最初的几天里，德军的第四装甲师向前推进了大约 35 千米，虽然损失惨重，但却给敌人造成了更多的伤亡。在 12 日当天，发生了一次较大的坦克战役，地点就在普罗霍夫卡的小镇附近地区。再一次，虽然苏联人在战役中损失更加惨重，但是他们从一开始就在人数上占优，因此完全经受得起这样的结果。

7 月 13 日，在并没有实现突围且英美联军对西西里岛的进攻逐渐深入的形势下，希特勒取消了更进一步的进攻计划。紧接着，在东部战线的主动权最终且永久性地落入到苏联红军的手中。

对地攻击机

靠近前线的进攻计划，应该是对空中力量做出最行之有效的运用。斯图卡型轰炸机标志着德国战争初期的胜利，而盟军的回击则是在斯图莫维克、"台风"以及"雷电"号的领导下进行的。

1939 年，只有德国和苏联的空军重视地面打击。德国在 1939~1941 年间的闪电战中，将地面和空中力量予以紧密的结合，这也证实了，这样的作战计划可以做到非常有效果。英国和美国则在战争的过程中逐渐培养起这种作战能力。

德国的容克 87 斯图卡俯冲轰炸机，最后成了闪电战的标志形象，令对方军队十分害怕。其实，这种轰炸机的速度非常缓慢，并且也没有多少自卫装置，这可以从不列颠之战其首度遭到严重反击的过程中予以见证。但是，其继续在东部战线的早期战役中顺利服役，而容克 87G 的款式，是从 1943 年才开始出现的。其被配备了一对 37 毫米口径的加农炮，专门肩负起坦克毁灭者的任务。其在这项任务中表现得十分突出，并且在汉斯·乌尔里希·鲁德尔这名王牌飞行员的手中更加引起众人的注意，据说它曾摧毁过 500 辆苏联坦克。

其他的德国地面攻击战机还包括福克尔－沃尔夫（Fw）190战斗机的不同款式，以及福克尔－沃尔夫189式——其也被用来承担起侦察的功能。亨舍尔129型也有小规模数量投入使用，其武器装备则包括75毫米口径的大炮。

苏军的空中部队

到1945年，苏联人建立了世界上最具威力的空中部队。虽然苏联的领导人已经决定要将注意力集中在战略空军上，但是他们的飞机设计款式以及人员训练都无法跟上这一变化。

在进攻任务中，还有着很多架业已过时的战斗机仍在服役之中，其中包括了伊留申（Il）153型和更加现代化一些的苏霍伊2号战机。投入军中服役，本身就是一个更佳的选择。Il-2布罗尼洛瓦尼－斯图莫维克（"装甲攻击机"），最终成了产量最大的军用飞机。

斯图莫维克相当于一架飞行中的坦克，因为其对机组人员的驾乘间以及其他重要部位，都有着相当厚实的装甲保护。其配备着颇具威力的加农炮和机枪（具体配备根据不同款式而定），并得到大量火箭弹和炸弹的满负荷配备。斯图莫维克的战斗编队经常会在德国阵地或坦克部队上空周旋，并发起一次次的不停攻击，其目标会被彻底击碎，而这种战术被称之为"死亡盘旋"。在苏联人的眼中，这是战争中最重要的飞机。

居于第二位，但在产量上依然有相当规模的（超过11000架），当属"佩特雅柯夫2"号飞机。这一双引擎的设计，曾经被按照高海拔战斗机来构造，但却担当起了进攻的任务。其非常强大并且快速，还可以运载3吨重的炸弹。

西部盟军

1940年，在缺乏合适战斗机的情况下，英法联军的地面进攻计划简直是灾难性的。相应地，英国开始在作战任务中使用"飓风"号和"P-40基蒂鹰"号战斗机。这些都可以运载相当有用的炸弹，并拥有威猛的加农炮和机关枪，其中包括"飓风"号战斗机中一对40毫米口径的机关炮。但是，在如此装备的条件下，其在性能上十分欠缺。

"布里斯托尔英俊战士"号战斗轰炸机以及德·哈维兰公司产的"蚊"式战斗轰炸机，也被投入使用，并获得了相当的成功。这些既大型又威猛的飞机，可以运载坚不可摧的武器，但是在攻击的精确性上稍显不足。

自1943年开始，英国和美国的进攻飞机，都开始使用火箭弹。虽然这些都缺乏击毁坦克的精确打击力度，但具有火力强大的优势。

最出名的两架英美进攻飞机，是英国的霍克"飓风"战斗机和美国的"共和P–47雷电"号。这两者起初都是纯粹的战斗机设计（"雷电"号是比较成功的一架，而"台风"号则不然），其在进攻任务中具有极强的实力和耐久力。它们在1944~1945年英美联军于欧洲战场的战斗之中，都起到了至关重要的作用。

密码与密码破解

对敌军信息的破解努力，是战争中每一场战役的另一个重要方面。情报能促成很多场胜仗，但并不是赢得战争的根本优势所在。

在第二次世界大战中，所有主要的作战部队都会付出相当的努力去破解对方的无线电信息。总体来看，英国和美国曾经获得过最大的成功，并对有效信息做出了最佳的利用；在保持自己的信息安全方面，美国和苏联是最成功的（虽然苏联方面在这一方面所作出的努力，并没有太多被公之于众）。

密码系统

在第二次世界大战中使用的加密方法包括手动系统（基于随机

数字的印刷组合）和机器系统。从一些机器上发送出的信号，被认为从未被人破解过，这包括美国的 SIGABA 密码机和英国 TypeX 密码机。安全性差一些的机器包括德国的恩尼格玛（德语：Enigma，又译哑谜机）和紫密码机，日本的紫密码机，还有美国的 M209 密码机（用来发送级别较低的交通信号）。破解信息的努力，带来英国和美国不同形式的计算设备的发展，其中包括现在被承认的第一台电子计算机。

英国获得了不同程度的成功，特别是与德国和意大利的系统相比。但轴心国力量也能够破解很多皇家海军的信息内容，一直到 1943 年的时候都是如此。

破解谜团

英国系统是在战前法国人和波兰人工作的基础上建立的。被破解的第一批信息，来自于德国空军的恩尼格玛密码，时间是 1940 年 5 月，然后其他的破解工作也接着发生了。这个过程绝不是连续性的。主要的 U 艇密码是在 1941 年中被破解的，但是 1942 年的密码却非常难破解，而这两个时间段都是大西洋战争中具有重大意义的。英国的强大实力之一，便是其对于在布莱切利公园政府加密解密学校的中央集权化，那个学校的不同部门可以相互协作，提高相互的技术并分享信息。

相比之下，德国、意大利和日本都在这一工作上部署了极大范围的间谍组织，而这些组织之间经常会展开相互的竞争。甚至当信息内容在服务机构或轴心国合作伙伴之间进行分享的时候，其接受者并不一定会予以采信。意大利早已警告过德国人盟军对密码的破解事宜，而德国人也警告过日本人，但在这两次事件中均没有获得多大的成效。

一直到 1943 年之前，德国海军的电子侦听部，对英国皇家海军的军事密码有过不少次成功的破解，而盟军商船使用的系统是在

1944 年才开始的。自 1943 年下半年开始，手动系统被皇家海军的服务所取代，那就是安全性更高的 TypeX 密码机，其早已在其他英国服务机构广泛应用。

在太平洋战场中，美国领导的盟军力量，在第一次截获日本外交密码的过程中就获得了极大的胜利，接着就是日本的海军密码以及最后的陆军系统。令人好奇的是，在多次破解之中、最具价值的，最体现远见卓识的，是对德国计划的关注。日本在柏林以及其他地方的外交官，发送了有关新式德国武器与防御工事的详细报告，而这些都被盟军悉数截获。

对日本海军 JN–25 密码机的破解，铸就了美国在中途岛战役中的一次重大胜利，而这也逆转了太平洋战争的大局。后来的密码破解信息，还能帮助盟军指挥官决定对哪一个驻地要塞发起进攻，以及如何回避。但是，并不属实的是（如有些时候被人提及到的那样），被美国、英国或荷兰机构方面成功破解的紫密码机和 JN–25 译码，早已发出警告，即日本可能要偷袭珍珠港。

希特勒海军的溃败，1942~1945

针对德国 U 艇的作战，一直持续到 1945 年，但在 1943 年春天盟军就获得了决定性的胜利，这靠的是对空中力量、科学研究、密码破解技术、工业实力等的完美结合。

至 1941 年末，德国 U 艇和盟军商船及护卫舰之间的战斗，早已在数个月的时间里变得十分惨烈。虽然威胁非常严重，但是英国人依然没有倒下。配比制已经极大减少了消耗和新建设，而英国对一些被占领盟军国家（如挪威和希腊）的军舰控制，则帮助抵消了各种损失。希特勒于 1941 年 12 月对美国的宣战更给英国带来了新的机会。

在 1942 年的前六个月里，德国 U 艇在美国东海岸以及加勒比海地区打了很多次胜仗。这些胜利的主要原因，是美国指挥官令人惊骇的战术失误，他们非要建立一个护航编队系统，并对空中部队予以支援。与那些在跨大西洋线路联系在一起的护卫舰，自 4 月开始逐渐被卷入进来，但一直到 10 月才刚刚开始覆盖整个墨西哥湾地区。虽然局势到夏天时终于得到控制，但是盟军在 1942 年 6 月的运输损失却是战争中最严重的。

德国方面的优势

在德国方面，局势得到了密码破解的帮助，并使英国的密码破解者自 1942 年 2 月开始一直到当年的年末，对 U 艇的主要交通信息一无所获。U 艇部队的规模，也在与日俱增，并从 1942 年的大约 100 多艘增加到一年之后的 200 多艘。最终，他们还是在这场生产竞赛中发起了一场失利的战斗。1942 年 7 月，是这场战争开始的第一个月，当时的新军舰给盟军方面造成了极度的损失，而美国的造船工作却依然在快速扩展之中。

虽然德国赢得大西洋之战的任何可能性和时间点都已经过去，但是一场对盟军来说更加深入的危机即将来临。这是由盟军方面的物资分配不当造成的。当时分配给大西洋之战的兵力相对太弱了。在至关重要的远程飞机类型上，这一点显得尤为真实，英国的轰炸就使用上百架此类远程飞机，而美国在太平洋的海军也是如此。一直到 1943 年，才只有一小部分被分配给这条护航线路。

战斗的高潮

1943 年 3 月，在一系列如火如荼的护卫舰战役之中，德国 U 艇获得了最后的重大胜利，并在整个大西洋中击沉了五分之一的军舰，而自己在当时却并没有造成太多的损失。但是，在数周时间之内，局势发生了转变。到 5 月份，41 艘 U 艇被击沉，而海军上将邓尼茨也放弃了他对护卫舰密集攻击的战略计划。

这一突如其来的局势转变，有着很多的因素。更多的盟军飞机被投入到战斗中去，不论是护航航空母舰还是以地面为基地的战舰都不例外。盟军战舰和空中雷达都得到了大幅提高，而在反潜艇武器方面也是如此。护航军舰的战术和训练都变得越来越精密复杂，至少在最低程度上，英国的密码破解者再一次读懂了德国人发送的信息内容。

盟军本可以在所有这些方面居于领先地位，并一直持续到战争结束时，虽然德国人在竭尽全力地用新式武器和新战术来逆转局势。虽然无数艘德国 U 艇依然服役到 1945 年 5 月，但到了最后几个月的时候，多数新的 U 艇都被击沉，甚至都来不及完成它们第一次的战争巡逻任务。

护航航空母舰

1939 年，还不存在什么护航航空母舰。但是到了第二次世界大战的末期，英国和美国都拥有了一百多艘护航军舰，保护着大西洋物资运输的重要线路，且给太平洋的水路两栖作战计划提供支援。

第二次世界大战中最简单的教训之一，便是空军力量在每一个战场区域之中都是至关重要的，在海上战区和陆地战区是同样的道理。美国、英国和日本是用它们主要的海军部队对庞大"航母舰队"进行操作的少数国家。也就是这三个国家，对看似更加平凡的"护航航空母舰"做出小规模的部署。

护航队的空中掩护

在 1940 年夏天愈演愈烈的大西洋之战中，英国权威机构不久便做出决定，他们的大西洋护航队必须得到空中掩护。由于航母舰队数量太少，而这次任务完成的价值很大，因此不同的战舰和技划都被设计出来。在那个时间点上，此类战舰的主要任务就是要与德国的福克尔－沃尔夫飞机作战，并会追踪德国 U 艇集群。

自 1941 年 4 月开始，首要的权宜之计就是要给商船安装一个弹射器，使其能运载一架战斗机。在完成任务之后，飞行员要么选择向陆地前进，要么选择在护航队附近逃脱飞机。很显然，这一危险的过程有时候还真的管用——据说，有六架德国飞机被弹射飞机商船上的飞机击落，不过也有很多艘战舰被德国 U 艇击沉。

第一艘真正意义的护航航母，是英国皇家海军的"大胆"号，其是于 1941 年 6 月投入使用的。"大胆"号只进行了三次护航任务，最后于 1941 年 12 月被一艘德国 U 艇击沉，但是它已经清楚地证实了自身价值。

到那时为止，美国海军也已经投入了使用第一批护航航母，并正在建造更多的，不光自己用，也为英国皇家海军额外建造。总共算起来，一共有 130 艘护航军舰被建造完成，或者从原来的商船或辅助巡洋舰船转变而来。

"博格"级和"卡萨布兰卡"级，是主要的设计类型。它们通常可以操作 20~35 架飞机，并时常混合三分之一的战斗机和另外三分之二的轰炸机或侦察机。它们的速度要比航母舰队更慢一些，并只有轻型的建造结构，但是其原本从未想到过，它们也可以在战区中担任起这样的任务，而这些战区的空中或水面攻击都是非常重要的执行任务。

由于多种原因，护航航母一直到 1943 年才开始投入到大西洋护航线路的战斗中去。但是，自那时开始，一直到战争结束，它们执行了很多次护航任务，追击、击沉过无数艘德国 U 艇。1944 年 6 月，美国的"瓜达康纳尔"号甚至帮助俘获了一艘德国潜水艇 U–505。

自 1943 年中期以来，还曾经出现过 19 艘商船航空母舰（简称 "MAC" 军舰），商船军舰会提供一个非常基本的飞行甲板，而三四架箭鱼飞机会专门做出配备，以完成反潜艇的任务。其也会运载正常的货物，并与护航队一起航行。只要有商船航空母舰出马，任何一次护航任务都不会在德国 U 艇的攻击下损失一兵一卒。

太平洋战斗

一些护航航母被用来专门培训航母机组人员，但是其中很多也在太平洋战场有过广泛的服役范围。随着美国反击战的发展，护航航母集群被用来向多股登陆部队提供近距离增援，而主要舰队航母集群则会消耗掉日本的空中力量，并使日本舰队无法顺利介入进来。

但是在莱特岛湾的实战中，它们也曾犯下离谱的错误。在一次意义重大的任务中，护航航母集群成功击退了由日本海军最强大军舰发起的进攻，但在这次任务中，一架护航航母被炮火击沉，而另一架则被神风特别攻击队的飞机击中。

海军武器与电子设备

在第二次世界大战中，并没有完全一新的海军武器被引入进来，但当时的枪支军械库、鱼雷以及深水炸弹都获得了新的精确度，并通过控制系统和侦测系统的发展而获得了更强的打击力度。

在第二次世界大战海上战场服役的枪炮，包括"大和"号战列舰配备的 460 毫米口径的庞然大物，和 20 毫米以上的轻型对空武器。后者几乎出现在所有国家海军的军舰之中。

除了发射真正令人敬畏的射弹（如"大和"号战列舰的是 1460 千克规格）之外，大型的枪炮还有着相当远距离的射程，枪支甚至可以击中移动中的目标，如 24 千米以外的目标。举例说，

1940年7月，英国皇家海军"厌战"号战列舰在与意大利"朱利奥·恺撒"号的交战中，就实现了这样的先例。

鱼雷

所有海军使用的枪支，在性能上基本都是差不多的（不过制造粗劣的意大利炮弹是出了名的不够精确）。但是，若论及其他主要的反军舰武器，如鱼雷，就不是那么回事了。

就鱼雷推进系统而言，主要有两大类。更加常见的那种，使用的是压缩的气体和汽油或者酒精燃料，使其驱动鱼雷发动机。这实现了最佳速度和射程的完美结合，但是在鱼雷后面也会留下痕迹，而这会使目标得到足够的警示，从而予以躲避。在鱼雷之中，最好的当属610毫米的日本93型鱼雷，其通常都被冠以"长矛"的绰号。这种鱼雷使用的是压缩的氧气，而不是空气，从而获得更好的性能表现，使其远远超过其他类型。

德国以及后来的美国海军，也使用电池驱动的鱼雷设备。这些类型虽然射程较近，但却不会留下水中痕迹。

战争初期的鱼雷，在设计上主要实现直线轨迹中某个固定深度的快速发射，从而实现接触引爆或者在敌军战舰下方引爆的功能，后者使用的是一种磁影响设备。德国人和美国人都在引爆点不稳定上遇到了很多问题，但是在几个月之后，它们终于加入了战争，而所有国家都发现，它们的磁影响弹头确实有点儿"喜怒无常"。

在战争期间的新发明，就包括德国的鱼雷，其可以走"Z"字形的线路，或者说是迂回的线路，从而提高了击中的概率。而声学原理的自导引鱼雷，是由德国人和盟军共同研发制造的，主要用来对付潜入水中的潜艇或其他目标物体。

主要的反潜艇武器，是非制导的水下炸弹，而这就是所谓的深水炸弹。这些武器会简单地沉到水域中去，然后在预设的深度予以引爆。一般来说，它们都会在潜水艇的10米范围内引爆，从而将其击沉，因此其中几种通常都会在某种"模式"下投掷，但会有略微不同的装置。在战争期间，深水炸弹也得到了改进，主要靠的是给其填入越来越强大的爆炸化合物。

深水炸弹也会得到小型武器的补给，要么是接触式的，要么是深水导引式的，其可以被投掷到攻击军舰的前方。其中最成功的，当属英国的刺猬型和乌贼型。

电子设备

使用中的主要水下传感器，是声呐（一直到1943年，其在皇家海军的官方名称还是潜艇探索器）。这种设备使用声波来找到某个目标的范围和方位，但并不能确定潜艇的深度；军舰下方的区域，则是其探测的盲点（因此也有了前射武器的应用）。

雷达自然在海上战争中扮演着举足轻重的角色，它能探测敌军战舰和飞机，同时在恶劣天气和夜间也能给出射击变动范围。德国的海拍型雷达，是于1939年服役的，其是战争初期比较高效的电子设备。战争后期的盟军设计，比如英国的271型以及其他设计，都可以探测到小到一部潜望镜的细微目标。

与目标探测同样重要的射程系统也被安装完毕，从而将这种信息或其他信息翻译成开火的数据。特别是美国海军，还研发了有效的对空控制系统，而安装在潜艇之中的美国鱼雷数据计算机，则要比其他海军使用中的同类设备胜出一筹。

盟军的宏伟战略

在第二次世界大战期间，英国和美国从未达成任何正式的同盟条约，并且两国有着完全不同的政治制度与生活方式，但它们依然团结协作，共同击败了纳粹德国。

在整场战争之中，丘吉尔和罗斯福及其高级顾问之间曾经有过很多次高峰会议，有时候也包括其他盟军将领，比如法国和中国的高层领导。此外，他们还与斯大林有过三次高峰会晤，丘吉尔还曾经在 1942 年单独前往莫斯科。

军事计划

在英美之间发展出的友好和睦、紧密合作关系之中，更重要的是一个整体性军事计划系统的出台。英国和美国都让其顶级陆军、海军以及空军的总参谋长来亲自参与国家军事计划的制定过程。但是，一个新的机构，即"联合参谋长团"，在美国参战之后由第一次盟军会议产生，那次会议就是于 1940 年 12 月 ~1941 年 1 月期间在华盛顿召开的"阿卡迪亚"会议。

联合参谋长们聚集于华盛顿地区，其中包括美国联合参谋长以及英国参谋总长的代表们，他们将一直恪守这一义务。这一机构对主要军事计划的重要细节达成了一致意见，并对资源做出了相应的合理分配。

在较低的级别中，英美两国在欧洲战场的所有主要作战计划，从诺曼底登陆之后，都由充分一体化的司令部小组做出计划安排和人员分配。身为盟军最高指挥官的艾森豪威尔将军，最引人注目的成就之一就是尽可能确保在各国战线中出现的分歧逐一被解决。

首脑会议也包括了联合参谋长（虽然在这种情况下英国的参谋长们是以个人身份参加的），在这里，不可避免地会出现更多的国与国之间的分歧。有两次盟军会议是在魁北克召开的，还有一些会议在卡萨布兰卡、开罗以及马耳他举行。每一次会议都会商讨复杂的问题，在这里对其细节不予赘述。但是，特别重要的主题都得到了强调。

跨越海峡的进攻

美国领导人始终如一地坚信，击败德国的最佳办法就是最直接的迎头痛击，因此必须在英国境内建立部队，发起跨越海峡的进攻并径直冲向柏林腹地。有过痛苦经验教训的英国，对德国陆军的战斗实力实在是了解得太清楚了，因此如果跨越海峡作战的计划尚未成熟，那么他们就不愿意冒这样一个大风险。他们还相信，将注意力集中在这一个目标之上的做法显得有点儿"偏心眼"，因为这会忽略了在地中海的重要利益，进而会使盟军无法对可能出现的任何机会做出及时的反应。

总体而言，英国人在 1942~1943 年间的观点采纳中显得更成功一些，他们的战争贡献要比美国更多一些，不过到后来，美国的影响力不断增长、扩张，而英国的影响力则处于下滑、缩减之中。在现实中，这意味着，在 1942~1943 年间对北非战场的清除和对西西里岛以及紧随其后对意大利南部的入侵，最初并没有得到美国参谋长们的欢迎，而后来从意大利军事行动中抽调很多资源的建议，也遭到英国人的强烈反对。

与斯大林的高峰会晤（在德黑兰、雅尔塔以及波茨坦地区，在最后一次会议中，哈里·杜鲁门和克莱蒙特·艾德礼取代了罗斯福和丘吉尔），除了对军事计划达成一致意见之外，还更加关注战后欧洲的秩序应该如何构建的问题。最终，一个真理开始大白于天下：这场战争将以苏联红军对东欧地区的控制为结束，而斯大林将会在他认为合适的时候对其予以控制，不论他对自由选举与其他类似事件有关的问题做出什么样的战时承诺。

斯大林最终信守了他在 1943 年德黑兰会议中许下的诺言，并在欧洲战争结束后不久加入了对日战争。

中型坦克，1942~1945

虽然越来越遭到空军、炮兵以及步兵武器的遏制，但是坦克依然在战斗中扮演着决定性的角色，特别是中型坦克，大批地出现在多数欧洲战场上。

随着坦克的发展，改进配备的枪炮的战斗力与厚重装甲上的竞争自然继续存在着，但是其中更重要的还是数量之争。

大规模生产

虽然德国的 PzKpfw 5 号"猎豹"坦克是本书谈论过的最坚不可摧的战车，但其只被生产出来 6000 多辆，而苏联的 T-34 型的产量是 4 万辆，美国的谢尔曼坦克则有 5 万多辆（其中型与重型坦克之间的区别并没有确切的界定，都服役于标准的装甲师军团之中，而不会是独立的中型坦克部队里面）。

在 T-34 型于 1943 年第一次投入重大战役期间，这种坦克为未来的设计设定了基准。其继续以略微有所改进的版本服役于军中，并一直持续到 1944 年。到那时为止，其 76.2 毫米口径的大炮早已不足以对付最新的德国新式武器。自 1944 年早期开始，效果更好的一个版本，即载有 85 毫米大炮的 T-34/85 型开始投入生产。除了在正常射程范围内发射足够火力摧毁猎豹坦克之外，这一款式还有着一座三人操作的炮塔。之前的 T-34 指挥官同时也是炮手，但现在他可以将精力集中在主要任务之上，而这就可以极大地提高战斗效率。

在战争后期，英美方面的主力坦克是 M4 谢尔曼战车。当其第一次于 1942 年出现在战场上的时候，其完全可以与同时代的 T-34 或 PzKpfw 4 的后来版本相媲美（后者一直服役到战争结束）。接着，其 75 毫米的主力炮拥有了足够的火力，并在具备优秀的机动性和可靠性基础上配备上了合理的装甲。其被认为拥有上乘的质量，并在一段时间内，美国权威机构停止了更新型号的研发，将精力集中在这一设计类型的大规模生产上（不过也有很多略微的调整变化）。不幸的是，这被证实是一个不甚明智的决定。因为到 1944~1945 年的时候，其弱点已经变得非常明显了。其 75 毫米的大炮根本无法射穿猎豹坦克或虎式坦克的正面装甲，而当其自身遭到射击的时候则会起火燃烧，这对任何坦克机乘人员而言都是一场噩梦般的经历。

更好的谢尔曼坦克

改进的版本在 1944~1945 年间投入使用。一些美国的谢尔曼坦克，被装配了更加威猛的 76 毫米坦克炮，并开始拥有更好的弹药装载容量，而这便解决了原来的部分火力问题。但是，真正有着足够火力的唯一典型，则是英国的谢尔曼"萤火虫"号，其还配有 17pdr 款式的反坦克炮。但即使是这一款式，也存在着不少缺点，如开火的速率太慢，因此其经常被德国坦克列为优先攻击的目标。

英国也有过本土的设计类型，其是在战争初期的巡弋坦克系列基础上发展而来的。"克伦威尔"号曾经在 1944 年时得到过广泛的使用，其速度非常之快，而且与之前的"先辈"不同的是，其具有相当的可靠性。但是，其与谢尔曼坦克一样，都配备着 75 毫米的坦克炮，并拥有与其类似的装甲厚度。其后来发展成为"彗星"号，并于 1944 年秋天投入使用，其有着类似的优点，并配备了 17pdr 规格的坦克炮，这便使其成为战争中第一辆全部由英国制造的坦克，同时具备足够的火力。

至战争后期，猎豹坦克成了坦克的典范。从其重量（45 吨）来判断，这是一种重型坦克。其可能有着更好的精确度，并在战后被描述为"主力战斗坦克"，因为其同时具有厚重的装甲、合理的速度以及最猛烈的火力。其坦克炮是极具潜力的 75 毫米 KwK 42 式，并拥有非常厚重的倾斜状装甲。虽在机动性和可靠性方面都存在着缺陷，但其依然是一个坚不可摧的对手。

西西里岛与意大利之战，1943~1944

1943 年 7 月，盟军进入西西里岛，之后又于 9 月份登陆了意大利本土。这些战事都使意大利备受战争煎熬，但是德国盟军的继续顽抗却意味着，盟军并不会很快获得胜利。

1943 年初，在于卡萨布兰卡召开的会议之上，英美领导人做出决定，在北非战事结束之后，便立即转战西西里岛。相应地，哈士奇行动也于 1943 年 7 月展开。但这次行动因为计划的多次改变而显得命运多舛，地面部队总指挥哈罗德·亚历山大也无法调遣他麾下的两员大将：指挥英国第八军的蒙哥马利和领导美国第七军的巴顿。结果，对于这个岛屿的占领，无法达成一个清楚明确的行动计划，而快速、果断赢下这场战役的机会就这样白白浪费了。

虽然很多随行的空军部队都登陆了，但却因为飞行员蹩脚的驾驶技术和恶劣的天气条件而失败，只有盟军最初在西西里岛南方和东南方的登陆才是成功的。数量庞大的意大利军队并没有发起顽强的抵抗，很多人都纷纷缴械投降。但是，德国军队依然造成了极大的麻烦。他们在一系列拖延时间的战斗中，极其巧妙地利用了当地崎岖不平的地形，而盟军指挥官则在为如何进行下一步战斗而争吵不休。最后，德国人于 8 月中旬跨过墨西拿海峡实现撤退，这次撤退实际上并不是因为不敌盟军的空军和海军部队而败下阵来的。

在西西里岛之后

至 1943 年初，有很多部队和资源都投入了地中海的战斗，而在 1944 年之前组织起跨海峡的行动几乎是没有可能的，因此盟军领导人面临着一个两难的境地。1943 年 5 月，美国人终于同意在西西里岛战役之后，对意大利的内陆发起进攻。再一次地，在作战计划和优先权的问题上发生了意见分歧，而这将继续影响着在意大利境内的作战进程，并一直持续到战争结束。

7月，墨索里尼一度被罢免掉意大利政府首脑的职务，而新的政权开始与盟军发起了秘密的和平谈判。9月3日，第八军从意大利的"脚趾部位"西西里岛横跨，而意大利则于8日当天宣布投降。但是，德国人已经做好了准备，并将增援部队开进了这个国家，而且予以接管。9日，由马克·克拉克领导的德国第五军，在实施主要登陆计划之后，开进到萨勒诺附近地区，这个地方就在那不勒斯的南边。但在刚开始的几天，他们几乎被重新驱赶回海边。

缓慢的撤退

在1943年的剩余时间内，德国人从一条防御坚固的河流防线那里开始，逐渐缓慢撤退到下一条防线。第八军向意大利的东边推进着，而第五军则向西前行。至该年末，盟军的推进已经抵达了德国的古斯塔夫防线，而其中最著名堡垒阵地的中心，就位于卡西诺山上——这个地方就在罗马的南边。

在一次试图打破僵局的军事行动中，盟军部队在安其奥实现了两栖登陆，而安其奥就在德国防线的后面，时间是1944年1月22日。但这支部队在不久之后便发现自己已经完全置于敌人滩头阵地的包围之中。对古斯塔夫防线的不断进攻，在接下来的几个月时间里也以失败而告终。

在1944年5月，盟军对意大利的前线发起了最后一次协同作战，这一次他们终于顺利占领了卡西诺地区，并打破了古斯塔夫防线。但到那个时候，蒙哥马利和很多老兵部队已经准备离开并为诺曼底登陆做准备，而意大利也因此而退出了盟军的优先进攻计划。罗马于6月4日被盟军占领，但是到1944年秋天，德国人再一次发起了顽抗，这一次是在佛罗伦萨北面的哥特防线地区。

步兵支援武器

虽然步兵战士都会携带自有武器，但是在战斗中的胜利，经常来自于他们的重型武器设备。从火力小组到火力大队的步兵火力，完全依赖于机关枪和迫击炮。

在步兵部队之中使用的主要支援武器，是机关枪和迫击炮。这两者都包括了更加轻型的武器，其在设计上就便于在两个不同地点之间的快速机动，而更加重型的类型则用于更远距离的阵地，不论进攻与防守都可以。

轻型机关枪

在所有军队之中，步兵的方队大约都是十个人左右，外加一架以上的轻型机枪，从而为其进攻和防守提供方队的主要火力支持。这种类型的武器，包括苏联 7.62 毫米捷加廖夫 DP1928 式、英国 7.7 毫米布伦式和美国 7.62 毫米勃朗宁自动步枪（BAR）等，这些通常都是由两脚架支撑的，并且配有弹夹装置。具有较高精确度和可靠性的布伦机枪以及捷加廖夫机枪，配有一个非常管用的 47 发弹夹。这两者都是比勃朗宁自动步枪更加成功的设计类型，后者在战斗中显得十分笨重，并只有更少的 20 发弹夹。更小型的武器还包括法国的 7.5 毫米夏特罗式。

重型机关枪

多数军队都有大队的支援连队，并配有机关枪，从而在持续性的火力任务中发挥作用，这是为了不使地面地区在进攻或防守中落入敌人之手。这些武器通常都是三脚架支撑的，并且在重量上要比小分队的轻型机枪更重一些，但并不一定是以大口径规格出现的。

实际上，德国陆军使用的 MG34 和 MG42，既有双脚架的，也有三脚架的，其都可以完成连续开火的任务。美国陆军将后者装配上了 7.62 毫米的布朗宁 M1917 式（也被用做轻型机关枪）；英国的是 7.7 毫米的威格斯款式；而苏联使用的是 7.62 毫米的 PM1910 式和郭留诺夫 SG43 式。所有这些都是有背带的，不过 PM1910 式有点儿过重了。

其他国家的设计，则经常差强人意。意大利的布雷达 6.5 毫米 MODELLO 1930 轻机枪和重型的菲亚特 – 列维里 MODELLO 1935（同样口径）都容易发生堵塞。

许多军队也会使用大口径的机关枪，经常在地面和对抗作战任务中投入使用，也经常在装甲战车上装配着。其中较出名的类型是苏联 12.7 毫米 DShK1938 式和美国的 12.5 毫米勃朗宁 M2 HB 式。

迫击炮

步兵迫击炮有两种主要的口径规格：50 毫米的和 80 毫米的。日本的 50 毫米 89 型是小型武器之中的典型款式，其可以将 0.8 千克的炸弹射击到 650 米远的地方，盟军部队将其称为"膝盖迫击炮"，并错误地以为其可以平衡地放置在战士的腿上进行安全的火力射击。

另一个简单的设计就是英国的 50 毫米迫击炮，其可以将 1.1 千克的炸弹发射到 500 米远的地方。在更大口径的设计中，几个国家则使用一种法国勃兰特的不同版本设计，其包括美国的 81 毫米 M1 式，其可以将 4.8 千克的炸弹发射到 2250 米远的地方。苏联 82 毫米的 PM37 式和日本的 81 毫米 99 型都有着类似的性能表现。在这一级别之中的多数迫击炮，主要由三个个人携带型的部分组成（但是依然非常笨重）：炮筒、底盘和双脚架。

火焰喷射器

每一支主要的军队，都会使用个人携带型的火焰喷射器，并将其当作攻克碉堡任务的专家级武器。这些武器都有着类似的性能和差不多的不足之处。所有这些武器都比较笨重（大约有 40 千克重），并在射程上十分有限（40~50 米），最后在燃料储备上也一般（持续 10 秒甚至不到 10 秒的时间）。

对这些武器的操作，具有极高的危险性，不光是因为火焰喷射器士兵在被敌人擒获时会遭到残忍的对待。对这种火焰喷射器武器使用最广泛的，当属美国的海军陆战队，他们在太平洋群岛的战斗中大量使用过这类武器。

夜间轰炸，1939~1944

在法国投降之后，空中突袭是英国可以直接对德国做出回应的唯一手段。英国皇家空军领导人亟待一场全面轰炸计划的开始，他们认为自己可以为英国赢得这场战争。

英国的皇家空军（简称"RAF"）是在 1918 年专门组建的，用以对德国进行轰炸，并在 20 世纪 30 年代战争越来越逼近的时候企图实现这一目标。在虚假战争期间，少数几次日间的突袭证实，轰炸机在战斗机面前的不堪一击十分令人失望。同时也确认了一点，即当战斗在 1940 年真正打响的时候，它们主要都是在夜间执行任务。

在第一阶段，也就是在 1942 年年初，英国皇家空军并没有获得多大的成就，虽然其损失与战斗中后期相比并不算很惨重。轰炸机被派去攻击特定的目标，比如说个别工厂或铁路连接点。但在实际上，它们的航行技术非常低劣，因此几乎打不中这些目标。

区域轰炸

1942 年早期的时候，空军元帅——"轰炸机"哈里斯——在英国皇家空军轰炸机司令部接任领导职位，并开始改变战略。在那个阶段，他也得到了来自于部队以及政治高层们的全力支持。在整个任职期间，哈里斯认为，对敌人城市中居民区的"区域轰炸"是其部队唯一明智的选择，如果得到正确的实施，那么就可以赢得战争的胜利。

这个目标，是通过打击对方士气的方式，来挫败德国的战争努力，不但可以杀掉一些人，而且至少可以将很多其他建筑予以摧毁。并没有多少人去思考这种做法在人道主义上是不是说得过去。

在这一思路下开展的最初有效的攻击，开始于 1942 年春天，其中比较著名的是一小撮"千型轰炸机"的突袭行动，该行动除了动用作战部队之外，还使用了轰炸机司令部的所有训练用战斗机。这些突袭行动正好赶上了"Gee"雷达的首度使用，而这种雷达是很重要的电子导航辅助设备，因此，打击的精确度得到了极大提高。但是，哈里斯竟然愚蠢地反对组建"导航部队"去帮助发起突袭并将目标标识出来。不过，他的意见最后被否决了。

在 1942 年这一整年之中，轰炸司令部所使用的飞机也得到了极大的改善，其四发动机的哈利法克斯和兰喀斯特式都具有较大的炸弹负荷量，并在 1943 年初期便开始占据支配地位。因此，大约有 5000 架轰炸机在 1942 年 6 月投入飞行，扔下了 6950 吨炸弹。到一年之后的 1943 年 6 月，这 5000 架轰炸机却投掷下了 15500 吨炸弹。

为了对这些破坏力日益加剧的进攻做出回应，德国人组建了一支坚不可摧的夜间战斗机部队和控制系统。起初，其完全依赖于地面站点，并由其指挥着重型战斗机，从而实现与目标战机的近距离接触，因为他们的雷达系统可以完成拦截任务。后来的单引擎日间战斗机则被派遣到受攻击城市的上空中去，并可以实现视觉拦截任务。

作为回应，英国皇家空军除了干扰雷达并使用电子和其他干扰手段来迷惑控制器或骗过这些设备之外，还会将其战斗机集中躲避在系统的特定区域之内。

1943 年，轰炸司令部摧毁了德国全境的很多城市，但是在哈里斯预料之中，真正接近其目标的时间点，发生在 7 月份对汉堡发起的一系列攻击中。这些都受益于盟军在电子战竞赛中的暂时优势，除了这个之外，还有其他不可复制的特殊环境。

柏林战役

1943~1944 年的冬天，哈里斯发起了他所谓的柏林战役。但是，从各方所遭到的损失来看，对德国首都以及其他城市的这一系列攻击，最终还是以轰炸机司令部的失败而告终的，而德国的经济和士气却从未被挫败过。虽然哈里斯不断地抱怨，但是对轰炸机司令部而言，在接下来的几个月里在某种程度上转向法国境内的目标不失为一个缓兵之计，因为他们要为在欧洲的登陆做好准备。

夜间战斗机

在第二次世界大战期间，雷达的发展逐渐克服了夜间空中作战的黑暗障碍。开始于 1940~1941 年间闪电战的夜间战斗机，开始大有用武之地。

夜间战斗机在第二次世界大战开始的时候，几乎出现在每一个地方，而夜间的空中防御，依赖于探照灯和防空炮的交叉结合。但是，至 1940~1941 年闪电战的后期阶段，英国已经引进了第一批有效的夜间战斗机，它们都由地面雷达引领到一个目标飞机附近，然后发起进攻，同时还使用它们的空中雷达设备。在战争的剩余时间里，多数夜间战斗机都是遵循这一模式的，不过其中使用的雷达在射程和精确度上都有所提升，而击溃它们的反制措施也变得越来越精密复杂。

英国的设计

布里斯托尔"英俊战士"战斗机是英国第一款成功的夜间战斗机，与战争期间多数的夜间战斗机一样，这款战斗机也有着双人双座、双引擎的设计。双引擎的设计，使机身前端可以为雷达设备空出地方（通常还可以装下重型枪炮），并为克服通常因在空中体积庞大而造成的飞行缓慢问题提供了重组的动力；第二名机组人员则是雷达操作员。这款"英俊战士"战斗机大约是在 1940 年 9 月首度投入军事行动的，并在次月获得了第一次的成功。

从 1941 年开始，"英俊战士"战斗机被一系列德·哈维兰"蚊"式战斗机的不同款式所融合，并最终取而代之。这一新款式速度很快，并且具有厚重的装甲，通常是 20 毫米的加农炮和 4 挺机关枪，并配备了成功改进之后的雷达设备。战争后期的版本，开始运载"锯齿系统"去追踪德国夜间战斗机的雷达信号。到那时为止，对敌方领空的夜间入侵是盟军夜间战斗机部队的主要任务。

由于对美国发起夜间突袭的可能性不大，而且美国的轰炸机部队主要在白天行动，因而美国夜间战斗机的发展相对较慢。起初，美国的夜间战斗机部队都使用"英俊战士"战斗机和 A–20"浩劫"夜间轰炸机，但是它们从 1944 年中期开始作了改进，并变成了诺斯洛普 P–61"黑寡妇"战斗机。这是唯一一种为特定目的而建造的夜间战斗机，在战争期间被许多国家投入使用，其实际上与"蚊"式战机有着完全相同的性能、特征和武器装备。

美国海军也使用了很多"海盗船"和"悍妇"型单座、单引擎的夜间战斗机，并在机翼位置配备了雷达设备。

德国的回应

由于要面临战争中最持久的夜间轰炸攻击，德国自然要做出重大夜间战斗机发展的回应，不过这些都因为德国飞机在电子研究等方面的混乱组织而遭到掣肘。

　　早期的类型包括梅塞施米特式（Me）Bf 110 战斗机和容克（Ju）88 式轰炸机的不同款式。这两者都可以携带沉重的武器装备，其中包括"爵士乐"向前开火的加农炮，其可以在目标飞机的下方盲点处开火。但是其体积过大、速度过慢。

　　不同的其他型号也被使用起来，其中包括 Me 210 式、容克 188 式和 388 式。其中性能最强的，也是在生产数量上十分有限的（不超过 300 架），当属亨克尔 219 型，其是在 1943 年夏天首度投入使用的。

　　德国也广泛使用了未经改装的单引擎夜间飞机来执行夜间军事任务。由于英国的夜间轰炸机是在集中的流水式的战斗中投入使用的，所以参加流水作战的一架战斗机都有机会在视觉上看到目标，特别是在接近轰炸目标的时候，因为火焰和地面火力会提供极强的照明。在战争的剩余时间里面，这种战术一直得到成功的运用。

　　日本也只有为数不多的夜间战斗机部队，在部分原因上是因为日本精密雷达设备的不足。海军的中岛 J1N "欧文"型，在日本本土和其他地方都打过几次胜仗。而陆军的川崎 Ki–102 型，则是颇具潜力的较佳战机，只不过在数量上不多。

美国的战略轰炸，1942~1943

　　1942 年，美国"空中堡垒"和"解放者"轰炸机的飞行编队，开始笼罩在欧洲的上空。它们的领导人希望将德国空军以及德国的经济拖垮，但其最初努力却遭到了血淋淋的惨败。

　　与英国皇家空军一样，美国的陆军航空队（"USAAF"）是根据远程战略轰炸的计划投入到战争中去的。与 1939 年的英国皇家空军一样，美国陆军航空队也深信要对精确目标做出日间的进攻，并完全依赖于其轰炸飞机的重型防御武器以及他们对抗敌军战机的紧密飞行编队。与英国皇家空军一样，他们也逐渐发现，轰炸精确度从未达到过设想中的良好效果，而且轰炸机编队无法在战斗机的进攻前做出有效的防御。

在整个战斗过程中，美国陆军航空队的主要重型轰炸机组织就是第八航空队，其基地在英国。第九和第十二航空队的基地，在1942~1943年间则在北非地区，其中也包括了重型轰炸机部队，而其后来被转入到第十五航空队，后者主要在1943年10月末服役于意大利的南部战场。

完全由美国部队来执行的对西欧地区的突袭任务，是在1942年8月17日开始的，目标是在法国北部的鲁昂地区。在该年的剩余时间中，所有被袭击的目标差不多都是短程的，而轰炸机部队则被提供了较强的战斗机护航编队，后者有来自于英国皇家空军的，也有来自于美国部队的。美国轰炸机的建设速度非常缓慢，至1942年末，只有大约1550架次投入飞行，其中损失了32架。

进攻德国

对德国目标的第一次袭击，是1943年1月27日对威廉港的大举进攻；发起进攻的有91架飞机，其中3架在飞回途中被6架德国战斗机击中。这对美国人来说，已经是相当幸运的伤亡损失比率了。

在接下来的几个月时间里，其他德国港口以及法国港口也被列为打击目标，因为其都是德国U艇的基地。对法国港口的突袭，与同时期英国皇家空军执行的那些任务一样，都遭到了惨败的结局。它们将当地法国人的家园夷为平地，但却并没有击中德国U艇基地厚重混凝土的要害。

1943年6月，第八航空队出动了2000架次飞机，到1944年1月则达到了每月出动6000架次的记录。基地在英国的部队也加入了这些突袭任务，自 1943 年夏天初期开始，他们的突袭目标主要是意大利以及北非的其他地方。

虽然一直到 1943 年年中的突袭并没有使集中性攻击渗透到德国的领空中去，但却导致了德国本土防御部队的重大增强，其从原来的 450 架战斗机上升到 1100 架。虽然英美联军致力于对飞机制造厂的轰炸，但是德国战斗机的生产在 1943 年全年一直到 1944 年 9 月都在增长之中。

损失惨重

美国指挥官作战思想的第一次冒险尝试，是让他们的轰炸机直接一路飞行到目标地点，而不需要任何的护航编队；这次尝试的时间是 1943 年 8 月。在 8 月 1 日当天，地中海部队在突袭罗马尼亚普洛耶什蒂的油田过程中，损失惨重。8 月 17 日，大约 376 架美国轰炸机突袭了位于雷根斯堡的梅塞施米特工厂以及位于施韦因福特的滚球轴承制造工厂，结果 60 架轰炸机在战斗中被击毁，而施韦因福特却并没有遭到多大的破坏。

虽然轰炸机护航队的部分是由 P-47 雷电战机组成的，并配备有远程的燃料箱，但多数损失都发生在这次没有护航队的远途任务之中，在返程的途中也是如此。

对于远程护航队战斗机的极端需求终于在 10 月变得更加明显。一系列的突袭事件，包括在 14 日当天对施韦因福特再度袭击，都使第八航空队付出了其一半战斗实力的代价。美国指挥官只得放弃了进一步的渗透进攻计划，德国空军赢得了第一轮战斗的胜利。

防空炮

虽然一颗步枪子弹足以击落一架飞机，但是有效的防空火力通常依赖于自动武器与火力较慢中型武器的结合，因为后者具有更大的摧毁力和射程。

在第二次世界大战中，各方都有几千架飞机被来自于地面的火力所击落。在高空中飞行的重型轰炸机或者远程的战斗机以及低空的地面攻击战斗机，其实都是十分脆弱的，虽然其要视不同的地面武器而定。服役中的防空（AA）炮弹类型在 1939~1945 年期间并没有发生太大的变化，不过其弹药和控制设备确实有了长足的进步。

轻型防空炮

由于低空飞行的战斗机对地面的侦察者而言具有较快的飞行速度，因此试图击落这种飞机的武器必须具备很高的速度，并能快速发射出很多发弹药，因为目标出现的时刻可能就只是那么一小会儿。在实战中，这便意味着大约为 40 毫米或更小口径的武器配备，其一般可以发射出重量低于 1 千克的炮弹，并在有效射程上达到 3500 米的最高限度。

虽然士兵们可以、也确实能够尝试用各种枪炮去射击飞机，其中包括经过特殊调整后的标准机关枪，但军队中使用最多的、最小的的专门防空系统则是美国的 Quad 50 防空炮。这是一种四联武器，其搭载的是四架 12.7 毫米 M2 布朗宁重型机枪设备，这种装备同时出现在牵引炮和不同的自动推进式武器上。但是，这依然不能令人获得完全的满意度，因为其单发的炮弹缺乏足够的打击力度，所以也无法有效地将敌军战机击落下来。

德国人还有一种 20 毫米的武器（也发展出四联的炮弹装备），但是这存在着同样的缺陷。日本、意大利和英国，都有着类似的单炮筒 20 毫米武器。英国和日本的一些武器，是在瑞士欧瑞康公司产品原型的基础上改进的。德国和美国的下一批产品，就是 37 毫米的型号，这种口径也被苏联人所使用。英国的主力轻型防空炮弹是 40 毫米的，其是在瑞士博福斯公司的授权下制造的，这种武器也被很多国家所使用。这种武器可以发射 0.9 千克的高爆弹，实际速率可以达到 80~100 发每分钟。

与这一级别的多数炮弹一样，博福斯的这款产品通常也会配备有简单的视觉瞄准器，而是唯一被使用过的。与其他炮弹一样，其也有着不同的机械预测瞄准器（具体类型视国家而定），在设计上专门帮助炮手在快速飞行的目标面前实现"游刃有余"的瞄准。

重型防空炮

127 毫米左右的一部分防空炮被很多国家投入使用，其中包括德国的 128 毫米 FlaK 40 型、美国的 120 毫米 M1 型以及英国的 135 毫米口径型号。但是，这些武器在最高射限上其实非常接近，而来自于更大口径的火力也开始被较慢的速度和笨拙的行动所抵消。

更加常见的是轻型武器，比如与德国"88"式类似的武器，其不同版本的 88 毫米高射炮都可以将 9.4 千克的炮弹发射到 8000 米的高空。英国的 94 毫米以及美国的 90 毫米武器则在很多方面都相差无几。与 88 式一样，M2 上的 90 毫米武器能够被用来当作一种反坦克武器。

击中目标

在战争初期，所有防空炮都依赖于机械预测瞄准器，即用人眼的瞄准方法来估计飞机的高度、速度和飞行线路。

后来，这些都逐渐被雷达系统所取代，而这一优势可以在夜间或者穿行于云间的时候得到充分发挥。重型的防空炮弹最初依赖于时间或者大气压力计熔丝，其在设定时便使用雷达信息，并可以在实战中获得极为精确的效果。

效果更好的是英美联军的新发明，即低空爆炸信管，其实际上就是一种雷达设备，可以在炮弹中设定，且可以在接近目标的时候被引爆。在战争后期，这一技术得到了极成功的运用，特别是在针对日本神风特别行动队和德国 V-1 导弹的作战中。

重型轰炸机

英国和美国空军的四引擎重型轰炸机，是战争中最有威力的武器之一。它们将高科技的电子设备与残酷的杀伤力结合起来，并可以将数以吨计的炸弹运送到敌国的腹地。

从第一次世界大战的最后几年开始，不同国家的空军官员都开始探讨如何得到适当的武器配备和增援，因为这样他们的部队就可以通过对敌对国家工业区以及平民的空袭来赢得胜利。这种突袭就是所谓的战略轰炸（将其区别于在陆地战线上实施的战略行动）。

在第二次世界大战中，英国和美国是唯一制定了这种作战计划，并希望通过其实施来赢得战争的国家。战略轰炸计划的核心，是在这里描述到的不同型号的四引擎轰炸机。

这一类型中第一架投入使用的飞机，是波音 B-17 空中堡垒，其是在 1935 年首次飞行的，并从 1939 年开始了系列生产。但是这种轰炸机只有五架手动操作的机关枪，并缺乏自动密封的燃料箱和机组人员足够的装甲保护，这便预示着其将很难有大作为。重大的改进体现在 B-17E 款式上，其是在 1942 年投入使用的；最后的 B-17G 型，则配备着 13 挺防御机关枪。

乍一看，B-17 型的同时代战机，即联合 B-24 "解放者"（于 1939 年首度投入飞行），显得更胜一筹。其速度更快，并有着更远的射程，不过炸弹运载量是一样的，并且在防御武器上也相差无几。但是，在实战行动中，其被证实不太适合高空中的紧密飞行编队，而这是在德国上空进行作战的必需条件。与 B-17 型一样，其有很多不同的款式，最后才获得了最佳的版本款式，即 B-24J 型。

日间轰炸

在欧洲的整场战争之中，美国的战术就是在白天实施突然的战略轰炸，从而希望达到较精确的打击度。这便要求，要给 B-17 型和 B-24 型配备厚重的防御武器，同样也会带来相对一般的炸弹运载量，即大约为 2.5 吨左右。结果，在欧洲云团密布的条件下，轰炸精确度要比美国本土的试验结果差一些。这一状况一直持续到 1944 年远程护航战斗机的出现，而之前的轰炸机损失十分惨重。

英国的战略

英国的皇家空军在开始这场战争时便早已确信，其轰炸机可以在白天与敌人展开激烈的战斗。但是，痛苦的经历在不久之后便证实了这是错误的，而轰炸机司令部也转向对德国发起夜间的袭击。

虽然双引擎的类型在这些袭击中是主角，并一直持续到 1943 年，但是四引擎的设计终于还是取代了这些，并于 1941 年初开始投入使用。在夜晚黑幕的掩护之下，所有战机的防御武器都要比美国的类型差一些，但是却有着更大的炸弹运载量。在战争的初期阶段，其轰炸精确度相当低，但到了后来，特别是随着电子导航辅助设备的引入和改进，这一方面也得到了长足的进步。

其中的第一种类型，即肖特斯特林轰炸机，只在前线使用过，并只使用到 1943 年。由于上升高度较低，所以使得其不堪一击。后来出现的汉德利－佩济公司的"哈利法克斯"式轰炸机，在技术上得到了巨大的改进，特别是后来的马克 3 型战机一直服役到战争结束。但毫无疑问的是，英国最好的重型轰炸机，就是阿芙罗公司的兰开斯特轰炸机，其是从 1942 年早期开始服役于航空中队的。这一结实、可靠的飞机，一共建造了 7000 多架。

日本在参战之后，需要更加远程的飞机，这要比在欧洲部署的战机要求更高一些，而这一设计最终促使了波音 B-29"超级空中堡垒"的诞生，其在战争之前便开始生产了。最初型号的第一次飞行是在1942年，在其首度投入战斗的1944年之前，出现过很多问题，并做出了不少的改进。这在极大程度上是因为，除了其庞大的体型之外，这一战机的设计相当复杂，而在技术上也是非常先进的。

肃清乌克兰

1943年仲夏至1944年晚秋，一系列进攻将德国人赶出了乌克兰，并将他们赶回到战前的波兰和罗马尼亚地区。在北部地区，德军对列宁格勒长达900天的围攻也开始消解。

自库尔斯克进攻终止，一直到战争结束，在不到两年的时间内，苏联红军进行了大规模的推进，并几乎一直都在取得胜利。

在战斗的第一阶段，苏联人沿着前线一直在向前推进着，最后到达并跨过了第聂伯河，并重新收复了很多主要的大城市，比如斯摩棱斯克、基辅以及第聂伯罗彼得罗夫斯克等。在第二阶段，也就是在1943年冬天~1944年初春，在北部地区和南部地区同时发起了进攻。在北部地区，德军对列宁格勒的围攻最终被解除；在南部地区，乌克兰的剩余地区均被占领。

第聂伯河

这一过程是由苏联对库尔斯克北面突出部发起进攻作为序曲的，时间是1943年7月12日。到8月3日，苏军又对突出部的南部侧翼发起了进一步的进攻。虽然德国人对这些进攻都做出了极为巧妙的防御，但是他们不得不放弃奥廖尔。

截至8月末，苏联兵力已经在莫斯科南部的每一个地方发起全面进攻，但其中最成功的是库尔斯克以西的广袤区域，还有就是在顿涅茨克南部的另一个地区。

由于事先知道意大利可能会投降（这在9月8日变成了事实），

希特勒早已开始加强其在意大利的增援部队。盟军于9月早期在意大利本土的登陆，使这一军事行动变得更加急切。因此，他授权在乌克兰东部的德国军队撤退到第聂伯河一带。在撤退的时候，他们还集中在不同的主要城镇，而那些地方在河上都有桥梁。苏军推进到这些地方，并在月底的时候临时准备了过河设施，地点分别在基辅的北部和第聂伯罗彼得罗夫斯克的西部。基辅是在11月初被收复的。

奔赴边境线

到1943年12月，虽然陆军元帅埃利希·冯·曼施坦因和埃瓦尔德·冯·克莱斯特在防守指挥上十分英明，但是德国的前线依然存在着很多脆弱的突出部分，并在希特勒的命令下一直死守着。苏军的进攻一直持续到1944年3月，但这些攻势都先后遭到失败。后来，曼施坦因和克莱斯特被希特勒解职，原因就是他们做出了撤退的举动，并经常与他们反复无常的"元首"意见不合。

当这个阶段的战斗在4月中旬结束之后，前线开始从普里佩特沼泽地，经由喀尔巴阡山脉，一直延伸到敖德萨以西的黑海沿岸地带。

重型大炮

重型大炮是第二次世界大战地面战争武器中最令人恐惧的武器之一，且以成百上千的架势出现在战场上。1945年，苏联军队就在他们最后于柏林的战斗中使用了各种口径规格的大炮16 000多门。

据说，约瑟夫·斯大林曾经将大炮描述为"战争之神"。在任何主要国家军队中，只要曾经遭受过这种重炮轰击的士兵，都不会对这种说法提出异议。重型大炮通常都会分配给级别较高的武装编队（军、团、师或类似级别）。

大炮战略

与其他类别的大炮一样，重型大炮是苏军使用最频繁的武器之一。英国和美国都有着极为复杂的组织结构，并可以发动精密的压制性轰炸计划，从而对具有惊人火力集中性的战斗做出快速反应。

在这一级别，还有很多种武器都在使用之中：德国拥有 200 多种大炮（有各种不同的口径规格），都在军中服役着。苏联则至少拥有五种型号的 152 毫米榴弹炮和两款 152 毫米的重炮。因此，在这里我们只能说说其中较具代表性的例子。

多数军队都有着与前面提及的苏联设计款式相媲美的武器，并可以将大约 45 千克重的炮弹射击到 15 千米的射程范围，而这只是榴弹炮的数据，而平坦弹道的炮弹则可以射击到 27 千米远的地方。具有不同火力特点的榴弹炮，在总体上依然属于轻型武器，通常具有更好的机动性，价格一般也更便宜，生产流程上也更容易些，但绝不能小看这种武器。

英国的 140 毫米大炮也是最典型的。其可以将标准的 45.4 千克的炮弹发射到 14.8 千米远的地方，或者将 37 千克的炮弹发射到 16.6 千米远的地方。超过 6 吨重的大炮在军中服役，其最大的发射速度可能是 1 分钟 3 发。美国的 155 毫米 Gun M1 可以将稍微轻一些的炮弹发射到 23 千米远的地方。知名度较低但同样有效的类型包括，意大利的 149 毫米加农炮 149/50 M35 和法国的 155 毫米 M1932 施奈德型。

超级重型武器

多数国家也会将更加重型的大炮和榴弹炮囊括到他们的军械库之中。美国的 203 毫米 Gun M1 式就是在战争中期投入使用的。其可以将重达 109 千克的炮弹发射到 35.5 千米远的范围，并实施远程的轰炸计划和反炮兵任务。更大型的依然是其同时期的 240 毫米榴弹炮 M1 型，其可以发射 157 千克的炮弹，而射程则可以达到 23 千米。

铁路大炮是德国人特别制造的武器，其有极远的射程和最大的口径，并在战争期间投入了战斗。

在这些之中，最著名的当属 28 厘米的 K5（E）型，它曾经在抗击盟军的安其奥的滩头阵地中使用过。这种大炮可以将 255 千克重的炮弹发射到 63 千米的地方，或者在火箭助推器的推动下发射到 86.5 千米远的地方。一架 28 厘米口径的大炮，可以改装成 31 厘米的口径，并进行测试性火力发射，而其炮弹发射的稳定性很好，甚至可以将射程增加到惊人的 150 千米远。

而在所有最大型的武器中，一种大规模的 80 厘米口径的大炮是绝对的第一。有两架这种规格的武器被建造过，但是据说其中只有一架被使用过（就在 1942 年德国围攻塞瓦斯托波尔的战役中）。这架投入使用的大炮，重量大约是 1350 吨，并且是在两条铁路轨道上移动的，其可以将重达 7 吨的高爆弹发射到 47 千米远的地方。这一设计款式及生产这一武器所需的工业努力，对其极度有限的战斗价值来说，完全是不成比例的。

第五章　对德战争的胜利

至 1944 年初，希特勒的德国海军实际上已经在大西洋战争中遭到了实力上的削弱。而德国空军也在一系列大规模空战中遭到了决定性的溃败。但是，从 6 月份开始，德国士兵又开始站在外国领土的每一个地方，甚至还依然保持着战前苏联境内的小小立足点。到 1944 年秋天，西部盟军已经解放了法国，而希特勒在东部的军队也饱受了摧毁性的打击。在德国以前的同盟之中，罗马尼亚早已"叛变"，而芬兰则宣布和平独立。

希特勒本人也在名为"炸弹阴谋"的刺杀行动中受伤，因此他已经心力交瘁并开始动摇。他越来越失去对现实的操纵，而德国经济及其工业也面性着最后的崩盘。不过，虽然面临所有这些不利因素，德国陆军依然保持着坚不可摧的组织纪律，并能够发起最后的誓死顽抗。纳粹政权的真实面貌，在 1945 年春天，随着集中营的解放而大白于天下。但是，欧洲战争并没有就此结束，其一直持续到德国所有领地都处于盟军控制、希特勒死于柏林废墟之中才画上句号，而柏林当时是希特勒自诩为"千年帝国"的首都。

诺曼底登陆

自 1942 年以来，"霸王行动"是英美联军军事计划的核心，也是历史上最伟大的陆海空三军联合行动计划。

1944 年 6 月 6 日，盟军已经在诺曼底登陆了 15 万人。五个登陆沙滩都是安全的，并且在每一个地方的部队都在向内陆地区推进，虽然这并不是原先所预料和计划过的。至少可说，"霸王行动"的第一天，还是获得了相当大的成功。

战斗计划

虽然盟军在空战和海战上占有绝对的优势，但是实际的登陆部队并没有压倒性的优势，因为毕竟登陆的船艇和伞兵飞机数量依然有限。有几个策略专门解决了这个问题。数个月的密集性空中突袭一直在实施之中，并继续对公路、铁路线以及法国境内的桥梁进行打击，其目的就是不让德国人对诺曼底进行军事增援。

与此同时，一个精心策划的欺骗计划已经出炉，其要让德国人更加确信，盟军的计划是在加莱海峡地区的东北面登陆。在诺曼底登陆之后，真正的加莱海峡行动计划依然要予以实施。这两个阶段的行动最终都是极其成功的。

盟军最高指挥官德怀特·D·艾森豪威尔，同时领导着带有13000 架飞机、2500 艘登陆艇、1200 艘战舰和很多新设备的 300 多万人。这包括了用来实施障碍跨越和碉堡攻克的英国第 79 装甲师的坦克，此外还有攻击编队所用的水陆两栖坦克。跟进的部队也从墨贝瑞港的登陆中受益匪浅，并从普路托（PLUTO，越海管道，"Pipe Line Under the Ocean"的缩写）那里获得燃油物资供应。

虽然德国人也清楚地知道，对方必然会发起一次总攻，但是对其位置或兵力并没有精确的情报。德国陆军元帅埃尔温·隆美尔现在开始在法国北部地区指挥德国部队。他认为，他唯一的机会就是在盟军登陆上岸之前击退他们。他还试图将其预备队在海岸线上部署开来，这样他们才能对任何登陆的部队立即展开反击，因为他知道盟军空中部队将很难对更多的远程部队做出重新部署。

隆美尔的上级——西部总指挥官兼陆军元帅格尔德·冯·龙德施泰特想要组建一支强大的中坚预备队，并计划将其派遣到战斗中去，尤其在局势变得明朗，即在大规模盟军登陆行动即将发生的时候。德国人最终选择了一个妥协的方式：一些预备队被部署在诺曼底海岸附近，但是他们在没有得到希特勒允许的条件下不得做出具体的部署安排。

登陆行动

登陆地点一共有五个，分别是犹他滩（Utah Beach）、奥马哈滩（Omaha Beach）、金滩（Gold Beach）、朱诺滩（Juno Beach）、宝剑滩（Sword Beach），这五个地点按照从西到东的次序分布。在前两个点登陆的包括了美国第一军的部队，而后三个则牵涉到英国第二军的英国和加拿大士兵。两支美国空中师部是通过降落伞来实现登陆的，并从犹他滩那里滑行到内陆地区，而其中一个英国空中师部则登陆在宝剑滩的东侧岸边。

空中师部占领了他们的多数目标地点，并成功瓦解了敌军的反击。德国人的抵抗是猛烈的，而盟军的伤亡也极为惨重，特别是在奥马哈滩上。曾经在一段时间内，似乎这次登陆行动即将失败，但是到了当天的最后时刻，整个沙滩还是被盟军肃清了。犹他滩是其中最容易的，其他三个则处于中间难度。

对盟军部队而言，从一开始就非常有必要占领尽量多的领地，即便这样做只是为了让庞大的后继部队获得空间。但是，当天后来时期的内陆推进行动，都基本拿下了诺曼底登陆计划的目标阵地，只有卡昂和巴约两个地方除外。更加艰苦卓绝的战斗进一步在滩头阵地上延伸开。

特种装甲车

从传统意义来说，清除障碍和破坏敌军防御工事，是陆军工程师们的主要任务。改装过的坦克和其他战车，在设计时就是专门用来执行这些任务的，其在诺曼底登陆以及其他战役中都是一个重要的因素。

对敌军精密防御工事的攻克之战，是一次地面军事行动的一部分。清除雷区、跨越壕沟和河道，以及摧毁敌军坚固阵地等，都是任务中必需的。用来完成这些任务的特制装甲车开始投入意义重大的服役期，其中最著名的就是英国第 79 装甲师的"滑稽"坦克，其是在诺曼底登陆后的战斗中投入使用的。

地雷清除

有两种主要的扫雷坦克被开发出来，分别是扫雷铰链和扫雷滚轮。扫雷铰链装有一个会旋转的鼓形圆桶，安装在扫雷器的前端铰链上，其在坦克向前突进的时候敲击地面，并将其行进道路上的地雷予以引爆。1942 年 10 月，这些武器在阿拉曼战役中第一次投入到"玛蒂尔达蝎子"编队中去，而在后来的战争期间，这些武器还出现在改进了的"谢尔曼·螃蟹"扫雷坦克编队之中。美国陆军又发明了 T1 型扫雷滚轮，其特征就是安装了一排钢铁圆盘，并在坦克前面推进着。

障碍清除

壕沟和墙壁是前进的障碍。一些坦克在装配时可以运载柴捆或者类似的材料，并将其投入到有缺口的地方，或者也可以提供自造的斜坡坡道。其他坦克，比如最著名的丘吉尔 ARK，可以直接开进壕沟或者推倒墙壁，接着在前面或后面铺设坡道，这样一来，后继的汽车就可以从其顶上直接开过去。"地毯"坦克和"卷盘"坦克，可以在沙滩或沙漠上摊开一条"席子"，而这能给后面的有轮车辆铺设下一条道路。

欧洲战争中所有主要的军队，也都有着不同形式的桥梁铺设设备。

在这些设备之中，最重要的可能就是英国的"丘吉尔"号皇家装甲工程车（简称"AVRE"）了。这种战车可以运载并布置下柴捆或较短的桥梁，还可以额外安装一门超大口径迫击炮，从而对碉堡或者其他敌军阵地发起摧毁性的冲锋。总共有 500 多辆皇家装甲工程车被建造完成，1944~1945 年间，这些战车得到了最广泛的使用。

登陆战中的特种坦克

有一种改装版的装甲车使用频率相对较低，但在诺曼底登陆时，这种改装版则发挥了相当重要的作用，这就是所谓的"水路两用坦克"。这种坦克可以实现水陆两用的功能，并可以与帆布幕配套使用，从而将战车车体提升起来，而另一个推进器则可以使它们在水中行进，并达到 7 千米每小时的速度。在它们登陆到沙滩之后，这些坦克便可以直接从水中开动起来，并投掷下幕布，然后就可以进行完全正常的战斗。水陆两用的概念，是从 1941 年开始在瓦伦丁坦克的测试基础上发展而来的。到 1944 年，谢尔曼坦克还一直在使用着。

水陆两用坦克在诺曼底登陆战究竟有没有带来不同的效果，这依然是一个颇具争议性的问题。但是，在数周之后，一种临时做过调整的版本被投入到美国第一陆军的多数坦克编队之中，这可能会带来完全不同的效果。这就是"犀牛"坦克，这款坦克在前面焊接了一个象牙状的叉子，可以将灌木树篱剪掉，且不会受到很多较高土堆的限制——在诺曼底登陆的道路上到处都是这些东西。

诺曼底之战

盟军部队整整经过了两个月的艰苦鏖战，才最终突破了他们的诺曼底登陆地区。盟军已经获得了压倒性的优势，并在空战中占据主导地位，但是德国人的实战技术使他们的推进也并不容易。

"霸王行动"的成功或失败，并不会在 1944 年 6 月 6 日决出。盟军做了充分而细致的准备，从而确保诺曼底登陆可以一帆风顺，但在接下来的几天乃至几周时间里，事关紧要的是组建起盟军的战斗部队以及在其控制之下的战斗区域，并且在速度上要超过德国人，因为后者要将其预备队集中起来并做出范围限定策略。

蒙哥马利的计划

所有的盟军地面部队，包括英国的、美国的和加拿大的，都处于蒙哥马利将军第二十一集团军的指挥之下。与盟军其他任何一位将军相比，蒙哥马利更加清楚地认识到，如果诺曼底进军能够获得成功，那么盟军必须要对从沙滩开始向内陆地区推进的事项做出一个清楚明晰的计划安排。蒙哥马利制定了这样一个计划，并且予以了彻底执行。由于其效果十分理想，所以在整个战斗过程中，德国人绝大部分时间里都跟着他们的节奏走。但他的失败在于，在这个计划出现变数之后，还死不承认。因此，他与其他盟军高级将领的关系开始破裂，而他在媒体面前对事件的陈述也难以令人信服。

蒙哥马利的计划是让英国和加拿大的军队在盟军左侧发起进攻，这样就能将德国预备队引诱进来，而同时让位于右面的美国部队更加快速地推进。但实际情况显然不可能完全"按计划"发生，不过蒙哥马利对外宣称的时候却不是这么说的。

卡昂这座城市及其弹药库的中心，其左侧（即东面）部分注定要在诺曼底登陆时被占领，但是从沙滩处开始的推进只抵达了一半的路程。卡昂并没有完全被收复，其一直坚持到 7 月份的第三周，直到后来英国第二军发起了几次全面的进攻，其中最著名的就是 6 月末的埃普索姆行动和 7 月份的古德伍德赛马会行动。

在其右侧部分，首要的任务就是将犹他滩和奥马哈滩登陆军与其他沙滩连接起来，而这一目标在 6 月 10 日获得了成功。下一步是向西推进，并跨过科唐坦半岛，然后挥军北上，去占领瑟堡（法国西北部港市），这一行动就在 7 月 27 日开始展开。但是，港口的设施早已经在德国人投降之前被完全毁坏掉了，将这一港口予以重建并使其恢复到之前的原貌，需要花上好几个星期的时间。

德国人的顽抗

所有的盟军兵力都开始发现，德国武装部队在战斗中是多么强悍，不论是最好的陆军部队，比如装甲教导师，还是希特勒青年团中年纪尚轻的纳粹党卫军狂热信徒们，都是如此。在所有初级和中级军官的水平上，德国军队领导的标准在总体上要更胜一筹，并且德国部队在战斗时清楚地知道，他们的坦克要比盟军所拥有的坦克有着更大的优势。但是，盟军的将军们显得更加稳定，还特别部署了一部分炮兵连和空中火力部队，这让德国人无以应对。

从 6 月一直到 7 月，美国的第一军稳固地占领着地面领土，而英国的第二军则在卡昂地区陷入困境。蒙哥马利非常希望能够在短时间内占领卡昂地区，然后从那里指挥军队向内陆地区进发。但即便不能实现这一目标，他的计划也照样可以实施。德国的装甲师部队，是其火力的中坚力量，几乎所有的德国装甲师部队，现在都开始在英国战区上战斗着。这为盟军最终突破德国防线做好了准备。

中型轰炸机，1942~1945

战争快结束的时候，盟军空军部队早已获得了空中的作战优势，但这绝没有比数千架英美中型轰炸机在欧洲和太平洋战场上所进行的作战计划更具说服力。

英国和美国在 1942~1945 年间的中型轰炸机，包括了那个时代中最著名的一些飞机。但是，与其对阵的轴心国的战斗机却不大为人所知。这绝不是巧合所致，这只是反映出德国和日本对盟军的空中打击不力。（苏联的中型或重型轰炸机也不多，但这主要是因为他们把全部的重点都放在了地面攻击的飞机和战斗机，而并不是缺乏雄厚的空中力量。）

"木制奇迹"

在中型轰炸机方面，英国只制造过一种飞机，却是其中最好的，那就是德·哈维兰蚊式轰炸机。在战争期间，英国差不多建造了7000架此类飞机，其中包括照相侦察、地面突袭以及夜间战斗的不同款式，以及其他轰炸机等。

所有这些战机飞行速度都很快，并可以运载数量相当巨大的炸弹、枪支或其他设备，而且，它们主要都是用木头制造的。效力于英国皇家空军轰炸机司令部的"蚊"式战机，可以支持主要的重型轰炸机部队，并可以在飞行中牵制敌军的攻击，同时锁定目标。

美国的主要类型

美国的中型轰炸机，包括道格拉斯 A–20 "浩劫"或波士顿夜间轰炸机（其是从战争初期开始服役的）、北美 B–25 米切尔、马丁 B–26 "劫掠者"号以及道格拉斯 A–26 "入侵者"号。A 类的飞机曾经专门为执行地面攻击任务做过优化，而 B 类则主要用来执行不同的中型轰炸机任务。在实战中，还是存在着交叠的地方。B–25 型在美国卷入战争之后一直处于服役之中，这与前面提到的所有美国飞机一样，并且有相当数量都是根据租借法案提供给盟军的。美国大概生产了 1 万架中型轰炸机，有很多不同款式，其中就包括几种专门为突袭任务而制造的类型，有的最多在机身前端安装 12 挺机关枪和一门 75 毫米的加农炮。纯粹的轰炸机版本，可以运载重达 2700 千克的炸弹。

从性能或服役生涯来看，B–25 和 B–26 之间其实并没有什么明显差别，不过在 4700 架专门为美国陆军航空队而建造的 B–26 型战机之中，多数都被运送到欧洲地区。最后，在所有主要的美国陆军航空队战斗飞机中，B-26 的损失率是最低的，但是当其第一次被引入的时候，确实发生过很多意外事件，不过这些都在后来的改进版中被避免了。

B-25 和 B-26 是从 1942 年开始投入战斗的，A-26 则到 1944 年年中才开始投入战斗，有 1000 多架 A-26 一直被使用到 1945 年，在战后还继续服役了好些年。其给"米切尔"和"劫掠者"运载类似的武器装备，机组人员有 3 人，即驾驶员、导航员（或投弹手）以及战斗机枪手，后者可以对背后以及腹部的炮塔实施遥控操作。

德国和日本的类型

在战争中期，德国的飞机生产计划实际上已停滞了，多半的力气都花在了已经快要淘汰的机型身上，以及对很多原型设计的改进方面。当其研制计划开始步入正轨的时候，时间已经是战争末期了，显然已经为时晚矣。此时的轰炸机生产其实已经被荒弃，而开始转向战斗机生产了。道尼尔战机应该算是战争中德国最好的轰炸机，但该类战机在 1943 年晚期退出了生产线。

投入战斗中的一款著名类型，就是亨克尔 177 型。这种不常见的设计好像是双引擎的，一对发动机分别位于两个机翼处，并驱动着独立的推进器。总体而言，其有着相当不错的性能表现，但是早期的类型非常容易招致灾难性的发动机起火事故。

日本的飞机工业从未达到过与其对手相抗衡的地步。战争后期的轰炸机类型，包括横须贺 P1Y"法国"号、中岛 Ki-49"海伦"号以及三菱 Ki-67"佩姬"号。每一种轰炸机的生产量都没有超过1000 架。

占领区人民的抗战

在欧洲占领区，很多人都认为为击败纳粹德国而抗争是值得他们冒生命危险的一件事情。他们的勇敢和牺牲显然在确保盟军最终胜利的事业上，起到了极大的推动作用。

从性质上来说，很多抗战都属于秘密的活动，因此并没有多少历史记录，很多英雄行为无疑也无法对其效果做出量化的计算。

反抗显然是一种危险行为。有反抗嫌疑的人通常会遭到酷刑折磨，如果不被处死，也会被送到集中营。针对反抗团体的凶残报复行为，也是十分常见的。但随着德国的战败可能性变得越来越大，更多的人开始参与到抗战中去。

抗战有很多不同的形式。比如说，挪威的历史教师们就曾拒绝讲授经过纳粹批准的教学纲要，并坚守着他们的立场，虽然其中有一些人被遣送到集中营去了。其他更重要的形式，往往是默默无声的英雄主义行为，如很多人会将犹太人从纳粹党卫军的魔掌下拯救出来，单单在波兰和荷兰地区，就有好几千这样的无名英雄。

一些非暴力方法也具有比较明显的军事效果。法国的铁路工人故意放缓了他们的工作进度，这是为了拖延德国部队及其物资供应在法国境内的运输，从而给盟军轰炸机以及抗战人员的反击赢得时间。同样，大约有2000多名被俘虏的英美空军人员，也获得了暗中救助，从而能够从德国占领区中逃出来，这是对盟军实力的大力援助。

联合抵抗

西部盟军有很多组织专门来援助抗战。美国的战略情报局（简称"OSS"）不但牵涉到情报收集工作（显然在反抗工作中起到了重要作用），也对军事反抗予以援助。英国将这些功能予以分化，变成了英国秘密情报处即军情六处（简称"MI6"）和战时特别行动委员会（简称"SOE"）。英国的军情九处和美国的 MIS-X 组织就曾帮助过脱逃者和那些曾经帮助过他们的好心人。战略情报局和特别行动委员会都训练过很多特工，专门在被占领国负责情报工作，并拥有广泛的技术分工，主要负责设计和制造特种武器、伪造身份文件以及执行很多类似任务等。

南斯拉夫的恐怖时期

反抗战斗在南斯拉夫地区是最为密集的。战争后期，游击队的运动在约瑟普·布罗兹·铁托的率领下继续进行着，后来又得到了苏联和西方国家的支持，最终在持续四年之久的浴血奋战中使这个国家从德国人的手中获得了解放。在这场实质上属于切特尼克（主要是塞尔维亚的民族主义者）与乌斯塔沙（多数是克罗地亚的法西斯主义者）之间的内战过后，游击队员成了胜利者。在不同时期，其中每一个团体都相互对抗并与入侵的德国人和意大利人作战。加上在战争期间死亡的南斯拉夫人，总体阵亡人数可达100万人，其中多数都是被其他南斯拉夫人杀死的。

在西欧地区的局势从未变得如此极端，从法国这个例子中可窥一斑。几乎所有的反抗运动组织都在协同作战，并处于"自由法国运动"领导人的指挥之下。1944年，开始制定出既广泛又成功的作战计划，并与诺曼底登陆行动携同发起抵抗运动。很多抵抗者都是年轻人，他们进入高山和森林之中，从而躲避德国的强制劳役服务。这些马基（Maquis，"二战"中抵抗德军的法国游击队）组织，在协助法国南部的盟军战斗过程中，起到了相当重要的作用。大约有10万名法国人在抵抗运动中阵亡，或者在德国人的报复行为中死于非命。

通敌者

"通敌者"有很多种不同的动机。其中一些人真的是出于对纳粹的效忠；一些人只是为了想尽办法在几乎毫无生存条件的环境中存活下去；还有一些人则将自己视为忠诚的爱国者，他们的所作所为都是为了效忠于他们的国家。

究竟什么样的人才是通敌者呢？在战争初期，决定在占领区内与德国人通力合作的政府官员可能被视为通敌者，或者他们只是比较现实而已，是暂时妥协以确保他们能够实现最好的安排来帮助国家赢得最终的胜利？工厂主们可能让自己的工厂为德国人生产物资，同时也给他们自己赚到些钱，但他们也为自己获得了像样的身份工作，并防止自己被当作奴工送到德国境内。农村地区的地方长官或者警察，也毫无选择，只能服从德国人的命令，但是他有没有暗地里为抗战付出热忱的帮助呢？也许她们只是做了一件人道主义的事情，因为这名年轻德国战士由于远离家乡而感到心理恐惧。这些问题一直都无法找到简单的答案。

几乎每一个国家都有着本土的法西斯主义分子和反犹太主义者，他们都心甘情愿地为纳粹党效忠，因为他们都忠实地认为，他们自己是在进行爱国主义的行为。比如说，在荷兰的安东·马瑟特党就拥有 5 万多成员，但与其他地方的同僚一样，他们并没有被德国人授予真正的权力。

在波兰，通敌卖国的人应该是最少的，但即便在那里，也可能看到另一种形式的通敌行为。自 1944 年以来，很多支持共产主义的波兰人，都曾帮助苏联人巩固他们的控制力，但却被他们的多数同胞视为"通敌卖国者"。

加入纳粹党卫军

在多数人的眼里，穿上德军的军装并为德国人奋战，当然是一种通敌的行为。实际上，很多列在纳粹党武装精英部队及武装党卫军名单之中的人，都是在德国境外出生的。他们包括了从海外征募来的德国少数民族，即德侨（这是纳粹对他们的特称），还有很多外国人，比如挪威和丹麦人。在战争后期，这张网被撒得更远，许多乌克兰人、克罗地亚人、拉脱维亚人、爱沙尼亚人以及其他人群都被接纳到其中。最后，超过一半的武装党卫军士兵都不是本土的德国人。

数量庞大的苏联市民，最终只得为德国陆军干活，有时候甚至与德国人并肩作战。至1942年，很多德国军都包括数量巨大的辅助人员，即俄罗斯志愿兵。这些人中的很多都是之前战争的俘虏，他们之所以出此下策，是为了摆脱穷困的境地，同时也是为了防止因被捕而死于非命。起初，他们主要充当起非战斗的支援作用，比如驾驶员、厨师以及其他类似角色，但到后来，他们开始加入到战斗部队之中。在1944年的诺曼底地区，德国陆军军团通常会配有一支"东方营"部队，其中的组成人员就是这些人，有一些人在战斗中还颇有战绩。

俄罗斯的民族主义者

其他由德国人组建的部队，试图利用反苏维埃的情绪。这些人包括哥萨克人、亚美尼亚人等，他们经常在反游击队的战斗中参加行动。诸如此类的俄罗斯人，也有参与其中的。在布良斯克地区，还筹建过一支"俄罗斯民族解放军"。其中更出名的当属"卡明斯基"旅，这支部队曾经因凶残而出名，主要指其在1944年华沙起义期间的行径。

一名苏联红军的高级军官，即安德烈耶维奇·弗拉索夫将军，是在1942年被德军捕获的，他组建起一支规模庞大的反斯大林俄罗斯部队。德国高层的支持有点儿缺乏热情，而最后只组建了两支师级的部队，却并没有投入使用。在战争的最后几天中，这些部队中的一支直接背叛了德国人，并与捷克抵抗组织并肩作战，时值布拉格之战。

在战后身份被暴露的通敌者的命运，往往是悲惨的。数以百万计的苏联市民，由西部盟军转交给苏联机构。其中相当多数被送往古拉格集中营，而弗拉索夫及其下属军官则被活活处死。

苏联方面的决定性胜利，1944

1944 年的夏季战役，在开始阶段就被苏联历史学家们称为"中央集团军的崩溃"，而到该年年末，罗马尼亚和保加利亚都开始与苏联人并肩作战，并将前线推进到波兰和匈牙利的腹地。

1944 年春，在苏联向罗马尼亚推进的误导下，希特勒及其将领以为苏联人会继续将重点集中在前线的南部地区，并准备发起他们下一步全面的进攻。因此，希特勒将多半坦克予以转移，并调用了其他很多原本在白俄罗斯的德国中路集团军的重型武器，而当时苏联人已经筹集了两百万人的部队及充足的资源准备对其发起进攻。

进军白俄罗斯

苏军的进攻是在 6 月 23 日打响的，部分原因是陆军元帅恩斯特·布施做出了令人意想不到的指挥（他后来很快被撤换），并在短时间内取得了胜利。三支德国军队，即第三装甲师、第四和第九军团，都损失了其主要兵力，总计大约是 40 万人。作为这次进攻最初目标的明斯克，是于 7 月 11 日被占领的。

在北面，于 7 月 4 日发起的苏联方面进攻，将德国人从拉脱维亚的多数领土中击退，到 8 月末，又将其从立陶宛驱逐出去。到 11 月，实际上所有的波罗的海国家都已经落入了苏联人的手中，除了库尔兰半岛之外。在库尔兰半岛，大约有 20 支德国军队一直坚守到战争结束。自 1941 年开始曾与德国结盟的芬兰，也在 1944 年 6 月被攻占，而芬兰人也接着在 9 月与苏联人达成了停火协议。

7 月，苏联人的白俄罗斯前线在继续有条不紊地推进着，并得到了南方乌克兰前线新发起进攻的接应。布雷斯特 – 立托夫斯克和利沃夫，都是在当月下旬被占领的。至 8 月 15 日，苏联军队已经踏上了华沙对面维斯瓦河的东岸领地。

华沙起义

波兰本土军队的抗战战士们，早已经在暗中帮助苏联人发起进攻，到 1944 年 8 月 1 日，他们开始在华沙发起一次全面的起义行动。他们一直战斗到 10 月初，但截至此时，已有超过 20 万名波兰人被杀害了。

苏联人并没有做出任何帮助他们的努力，只是对外宣称他们需要重新补给前线的兵力，因为刚刚在最近发起了很多进攻，之后才可以想办法跨过维斯瓦河。同样，当斯洛伐克人在 8 月下旬发起针对德国人的起义时，苏联人也并没有给予多大的帮助。到 10 月下旬，这次起义基本上也被镇压下去了。

进入巴尔干半岛

在其北部军队驻扎在维斯瓦河边之后，苏联红军开始在 8 月 20 日向遥远的南部地区发起新一轮的进攻。在数天之内，德国第六军的多数部队都在基什尼奥夫附近地区被击溃。罗马尼亚的国王迈克尔，在 8 月 23 日发动了一次政变，而他的新政府则将国家（及其庞大的军队）卷入到战争中去，并站到了苏联一边。

由于在后方遭到军事进攻，德国部队开始撤离希腊和南斯拉夫地区。南斯拉夫的游击队，在 10 月 19 日解放了贝尔格莱德，并在该年年末的时候控制了国内多半地区。来自意大利的英国部队也抵达了希腊，并在 10 月占领了那里。

1944 年 12 月，德国人再度成功构筑起一条防御战线。主要的战斗在匈牙利境内打响，布达佩斯在 12 月 26 日遭到包围，并一直处于痛苦不堪的围攻之中，一直持续到 2 月中旬。

重型坦克，1942~1945

　　在令人恐怖的战争武器中，重型坦克几乎是坚不可摧的，在极强火力的掩护下，一些重型坦克可以在一千米以外将敌方的坦克给轰翻。

　　在第二次世界大战中，重型坦克的主要使用者是英国人和苏联人。英国的术语"步兵坦克"恰到好处地描述了这两国此类坦克的功能所在，而那就是伴随步兵发起攻击并予以支援。在战争的第二阶段中，更加坚不可摧的此类武器，继续担当着其原有的角色，但它们的反装甲性能开始变得越来越重要。

　　英国的最后一种步兵坦克，就是"丘吉尔"坦克，其不同款式是从 1941 年开始广泛投入使用的。最初的版本在投入使用时不太好使，其所配备的也是低劣枪炮，显得极不可靠。后来的标准是 6pdr（57 毫米）规格，接着是 75 毫米规格。所有这些版本都有着良好的装甲配备，但就是速度慢一些，不过它们在爬坡和跨越障碍物方面则有着良好的表现。所有标准加到一起，一共建造了 6500 多辆，此外还有几百辆专门用来执行工程任务的战车。

苏联的重型坦克

　　苏联 KV-1 重型坦克在 1941 年服役时的表现，令德国人十分恐惧，但是随着德国枪炮技术的逐步改进，苏联自有的 76.2 毫米武器已不足以与更新的德国坦克类型相抗衡。一部分过渡期型号 KV-85，配备的是 85 毫米的大炮，其是在 1943 年下半年生产的，后来逐渐濒于停产。

　　取代它们的是"约瑟夫·斯大林"系列型号。这款设计的一些样品先被制造出来，其中每一款都配有85毫米以及100毫米的武器，而最后被确定下来予以生产的是122毫米的D25主炮。这一款要比100毫米的那种装甲穿透性能稍差一些，但得到了更具威力高爆弹的弥补，这是坦克功能中最重要的一个因素。但是，其中确定无疑的劣势便在于，其122毫米口径主炮的开火速度实在太慢，而且最多只能携带28发炮弹。大约有4000辆JS-1和JS-2的不同款式投入服役之中，而另一款JS-3则是到1945年才开始生产的，不过从未参加过实际战斗。

投入战斗的虎式坦克

在德国的设计款式之中，第一款超越KV-1型的，当属著名的PzKpfw 6型"虎"式坦克，其是在1942年9月首度引入到东部战线的。"虎"式坦克的设计，在"巴巴罗萨"行动计划开始前便已完成。在被引入之后，"虎"式坦克马上安装了当时世界上最威猛的坦克炮（88毫米的KwK36式），并且有着极为雄厚的装甲保护，其很快就因为猛烈的炮火和防御能力而赢得了一个令人心惊胆战的名声。机动性和可靠性从来都不是其优点，但其依然是不好对付的对手，其最后的1355辆是在1944年8月份制造出来的。

其替代产品是"虎"式2型坦克（也被称为"虎王"式重型坦克，截至1945年一共生产了454辆）。"虎"式Z型坦克第一次投入战斗是在1944年7月的诺曼底登陆行动之中。重达70多吨的这款坦克，具有厚重结实的装甲保护，而其88毫米的KwK 42式实际上要比"虎"式1型的枪炮具有更加威猛的火力。由此可知，其弱点也就在其机动性上，但在主要由德国陆军发起的防御战中，这并不一定就是一个极大的劣势。

在战争中期的数次拖延之后，M4式谢尔曼坦克的不足在德国的"虎"式和"猎豹"式坦克相比之下更加明显，最终促使了美国陆军更好产品的生产，而时间已经是1944年年末了。M26潘兴坦克首次投入战斗是在 1945 年 2 月，有几百辆在欧洲胜利日之前被运送到欧洲地区。其搭载一架火力威猛的 90 毫米 M3 主炮，并在保护能力和引擎动力两方面达到较好的平衡。

德国和苏联的国内统治

虽然德国和苏联是最大的死对头，但在纳粹德国和红色苏联两国的政府统治方式上依然有着很多相似性。

第二次世界大战期间，在纳粹德国和红色苏联之间存在着很多的相似性，这并不令人感到意外。这两个国家都有一位最高统治者，并对国家政策的每一个方面都具有绝对的控制大权。

警察与安保

这两个国家的政权，都在安全、警察和公共秩序事务方面有着一个统一的组织结构。在德国，帝国中央保安总局（简称"RSHA"）是海因里希·希姆莱旗下纳粹党卫军的主要分支机构，其主要的首领有刚开始的莱因哈特·海德里希和后来的恩斯特·卡尔登布隆纳；而其下属的部门则包括纳粹党卫军安保局和秘密警察部队。帝国中央保安总局的规模相当小，在 1944 年总共才只有 5 万人，但却维持着一个庞大而广泛的情报人员网，随时可以告发"失败主义者"和"反社会分子"。

在苏联境内，此类组织在战争的不同时间出现过很多的变化，但始终都包括了内务人民委员会（简称"NKVD"）和国家安全委员会（简称"NKGB"）。这两者都处于拉弗伦地·贝利亚的掌控之下，而拉弗伦地·贝利亚是国家安全局的政委。希姆莱行事相当谨慎，他不喜欢自己被卷入下令发起的暴行之中去。而与希姆莱不同的是，贝利亚本身就是一名暴行的实施者。

在这两个国家之中，高压政治的主要工具，都是战俘集中营。没有人知道在苏联的战俘集中营即古拉格集中营中，有多少不幸者曾经遭受过煎熬，但可以明确知道的是，被送往那里的人实际上就相当于被判处了死刑。估计数字显示，在战争期间，每年大约都有一百多万人死于过度劳作及残酷的刑罚。而选择的过程也充满了偶然性，很多战俘可能并没有做过任何冒犯政权的坏事。

在德国集中营中的很多人，对纳粹来说都存在着某一方面的可厌恶之处。他们可能是惯犯、左翼分子以及其他很多不同身份。起初，战俘们至少还可以活着服劳役（但专门收集犹太人的死亡集中营有着不同的任务）。集中营中的战俘，在条件极端简陋、艰苦的采石场、矿区及工厂中做苦工，其中很多都是纳粹党卫军经营高利润业务的地方。在集中营中死亡的人数初步估计有 50 万人。

军队中的纪律，也是相当残酷无情的。德国陆军至少处死过 1 万名本国军人（实际数字可能更多），理由是诸如临阵退缩和临阵脱逃的军事犯罪。苏联红军也有着很多的处罚小组，有几十万人曾经因为鸡毛蒜皮的小事被送往了集中营。

本土防线

总体而言，德国的平民生活至少在 1943 年之前还是相安无事的。定量配给的制度相对比较合理，消费商品比较富足，女性也不需要从事战争工作，很多比较富裕的家庭甚至会配备不少的佣人。

但是在苏联，情况就完全不一样了。只有在重要工业领域中的工人，才可以获得温饱线水平以上的定量配给。数以百万计的人们开始涌入新的工业区和矿区。1941~1942 年间，新建了很多工厂，在这些新工厂中的雇工，经常会在厂房顶棚尚未加盖之前便已经开始干活，并且经常就睡在机器中间，因为他们并没有什么住房条件。值得一提的是，他们总体而言都是心甘情愿投入工作的，而这种使命感是苏联获得战争胜利的核心要素，而当时的领导人也教导人们将战争称为"伟大的卫国战争"。

实际上，虽然统治政权都实施过各种暴行，但是德国和苏联的人们依然在整个战争过程中为自己的国家努力战斗着。

德国空军的战败

1944 年初，美国对德国的空战胜利，使英国和美国的轰炸机部队能够腾出空来，对德国的许多重要设施予以粉碎性的打击。在数量上居于弱势并实际上耗尽了燃油的德国空军，这时候早已在反击上无计可施。

两个至关重要的指挥决定，确保了 1944 年初对德国空军的摧毁。虽然美国轰炸机部队的领导人，对于进攻部队的战斗机护航并没有予以高度重视，但在 1943 年 10 月下旬，阿诺德发出命令，在接下来的三个月里，所有 P–51"野马"战机的生产都转向对第八航空部队的支援任务。第二个大决定是在 1944 年 1 月实施的，当时的詹姆斯·杜立特将军及第八航空队的新晋指挥官，命令属下的战斗机不再承担近距离护航任务，只要负责寻找并摧毁掉他们的德国对手即可。这两个加在一起，开始为一系列的大规模空战揭开了序幕，而美国陆军航空队在德军面前赢得了空中的战略优势。

1944 年初，英国皇家空军的轰炸机司令部继续在柏林战役中遭受重创。这在于 3 月 30 日 ~31 日夜间对纽伦堡发起的灾难性突袭中达到了顶峰，795 架轰炸机中的 96 架都在战斗中损毁。空军元帅哈里斯极端反对这个决定，并在他的能力范围之内对德国目标做出了很多次"区域轰炸"，不过后来他的属下主要都被派去法国，并在接下来的几个月里对即将来临的诺曼底登陆行动给予支援。

"重要的一周"

对美国军队来说，第一个将新政策投入实施的真正机会，出现在 1944 年 2 月中旬，当时一系列针对德国工业区的突袭行动被称为"重要的一周"。与当时盟军原本所想的完全不一样的是，这些突袭战几乎没有任何作用，德国的飞机产量竟然处于增长之中，并一直持续到 1944 年 9 月，原因就是德军改进了组织结构。在空战方面，任何一方都没有取得一边倒的胜利。美军方面损失了 250 架轰炸机，而换来的是击落德国战机 355 架的战绩，还有 100 多名德国飞行员被炸死。在美国方面，战斗机飞行员的培训和经验水平都在提高。

这一过程继续进行着，其中比较著名的是 3 月时对柏林所进行的攻占。即便美国的重型轰炸机与英国皇家空军轰炸机司令部一样，于 4 月 1 日开始处于艾森豪威尔将军的控制之下并为诺曼底登陆紧张筹备着，但它们还是继续对德国和中欧地区的目标发起了一些猛烈的轰炸。

石油攻击

自 5 月开始，美国陆军航空队与英国皇家空军司令部都开始对德国合成石油基地发起了越来越频繁的攻击。虽然哈里斯曾经适时地嘲笑过之前对德国主要目标的进攻尝试纯属毫无效果，但在这一事件中却被证实并非如此。截至 1944 年 9 月，德国空军的燃油生产大大降低，这逐渐妨碍到各种军事行动，并使现在的新飞行员训练无法进行。那些离开训练系统的人，简直成了为盟军战士准备的"到嘴肥肉"。

8 月，或许是随着局势的明显变化，英国皇家空军司令部又转向对德国的日间军事行动计划。自此之后，一直到战争最后几周数次进攻的发起，英国和美国的重型轰炸机几乎可以任意遨游在德国的上空，它们将城市夷为平地，并用破坏性的打击力度和精确度摧毁了工业区。

战斗机，1943~1945

截至 1944 年年末，幸亏有英国、美国和苏联的精锐战斗机部队及其表现更佳的射程，盟军的重型轰炸机才能在德国和日本上空称雄，而对地攻击的飞机则在所有前线主宰着轴心国的地面部队。

自 1943 年年中以来，盟军在每一个战斗前线的空中优势变得越来越明显。到 1944 年，这一优势进一步延伸到德国和日本本土，并且不分白天和黑夜。而实现这一优势的，当然是盟军的战斗机集群。虽然德国和日本都继续生产高效的活塞引擎战斗机，但总体而言盟军还是拥有质量上的优势（并不是针对德国喷气式飞机而言），并给他们巨大的数量优势锦上添花。

盟军的设计类型

在 1944~1945 年间，美国陆军航空队是世界上最强大的空中部队，拥有相当重量级的战斗飞机。其中主要的类型是北美 P–51"野马"型与共和 P–47"雷电"型，这两者都是从 1940~1941 年开始服役的，不过更早期的 P–38"闪电"型也依然在使用之中。

一开始，P–47 似乎是更有前途的设计类型。它是在一种特别庞大而威猛的星型发动机基础之上制造的，因此具备了一种较高的爬升与俯冲的速率，虽然其体型和重量都相当令人窒息。P–47D 版本是所有战斗机之中建造数量最多的一款，总共有 12000 架被生产出来。

虽然一开始不太被人看好，但 P–51"野马"型在西欧的空战中赢得了比其他战机更多的胜仗。最初配备有艾里逊发动机的"野马"型，却在飞行任务中表现得令人失望，特别是在飞行高度上。

1942 年，一款配有劳斯莱斯 – 默林式发动机的战机被投入了测试，而"野马"型则被进行了改装。在配备了装有额外燃油的副油箱之后，这款新式飞机可以护送着轰炸机从英国飞往柏林甚至更远的地方，并几乎要比抵达那里的所有德国空军战机都更胜一筹，其是射程与性能的完美结合，并且是之前从未预料到的。

在战争的最后阶段，很多英国的战斗机部队继续使用着喷火式马克 9 型，而其是在 1942 年首度被引入的。这其中也加入了很多不同款式，其中最著名的就是马克 14 型，这款之中的默林式发动机被更加威猛的劳斯莱斯"狮鹫兽"引擎所取代。这些在速度与机动性上都不同于其他同时代机型，比如更早时期的喷火式战机，但是在射程上却乏善可陈。

与坚不可摧之盟军阵容相匹敌的，是相当数量的苏联设计款式，其中最好的就来自于雅科夫列夫和拉沃契金设计局。于 1942 年首度投入使用的 Yak-9，是更早时期 Yak-7 型的有效升级版，并配备了一个更加威猛的发动机和更佳的武器装备。其于 1944 年升级到 9U 的版本，并且具有了更加令人惊叹的战斗力。战争中最为惊人的战斗机是最容易让人混淆的 Yak-3。这款战斗机速度极快，并且是操纵性很好的设计款式，应该是战争期间东部战线上最好的战斗机了。La-5 和 La-7 型，是从之前 LaGG 的设计款式发展而来的，即使不能与 Yak 类型相提并论，但至少具有相当的战斗力。

轴心国的回应

德国的福克尔 – 沃尔夫 190 式，在 1941 年首度投入使用的时候，便已远远超过了英国皇家空军的喷火式战机。这一设计的不同版本以及梅塞施米特式战斗机，到战争结束一直都是主要的德国战机类型。到 1944 年，Bf 109 式与 Fw190 的星型发动机版本，都试着要与最好的盟军战机争个高下。配有内置发动机并于 1944 年晚期面世的 Fw 190D，飞行速度更快，并且在战斗力上更加令人生畏。

在太平洋战争期间，日本的飞机工业也并没有持续推出新式的设计款式。作为其中标志性版本的，是川崎 Ki-61 "托尼" （战争后期最重要的日本战斗机之一），其也是日本几种依赖于德国授权制造发动机中的唯一一款。在第二次世界大战中，最好的日本战斗机就是中岛 Ki-84 "法兰克"号，其是从 1944 年 4 月开始投入使用的。

飞机军械和电子设备

如果没有火力威猛的武器装备和引导飞机锁定目标的系统设备，那么空中打击便是毫无意义的和徒劳的。炸弹、火箭、雷达以及拦截或追踪敌军信号的导航辅助设备等，都在战争期间经历了长足的发展。

众所周知的是，第二次世界大战期间在雷达以及航空电子设备等方面都涌现了很多新发明，但是在貌似普通领域（比如炸弹设计）中的新发展也具有同等重要的意义。

炸弹和导弹

很多不同的炸弹被投入使用，从被投掷过数百万颗的 1.8 千克的燃烧弹，到英国皇家空军 9980 千克的 "大满贯" 炸弹都有，后者有 41 颗在 1945 年被投入使用。到了战争的后期，一种典型的英国重型轰炸机炸弹专门对德国城市发起进攻，其中包括一种 "Cookie" 巨型炸弹（一种体型较大、威力较猛的高爆弹），其可以将很多建筑物直接炸开，并用许多燃烧弹使其着火燃烧。1945 年，美国对日本城市展开袭击，而燃烧弹就是其中使用的主要武器类型。截至 1945 年，在美国、英国和苏联军中服役的地面攻击和反军舰战机，也开始使用无导航的空对地导弹，并将其作为军械库的主要构成部分。

虽然很多炸弹都属于"哑巴"的自由落下式武器，但是不同款式的导航式动力炸弹逐渐被开发出来。德国的类型包括导弹驱动的 Hs 293 和自由坠落的 Fritz-X（或弗里兹 -X），美国的阿松炸弹则与 Fritz-X 的性能十分类似。这些都要从空投飞机上进行雷达控制，其必须使炸弹和目标一同处于视野之中，不但比较棘手，而且充满了危险。美国的蝙蝠系列在实力上更胜一筹，因为其包括了自有的雷达设备，并可以用来锁定目标。德国的成功类型曾在 1943 年 9 月击沉了意大利战舰"罗马"号，当时所用的就是 Fritz-X 炸弹。

电子战争

1939 年，所有主要国家都拥有某种程度的雷达先进设备，但是英国、美国和德国这三个国家才是唯一在这个领域取得长足进步的国家。雷达设备的精确度在战争期间取得了实质性的提高，而诱导雷达的方法也随之发展起来，相应的躲避雷达设备也被开发出来。

最常用的反雷达设备是金属薄片条，它会从一架飞机上被投下，给敌军显示屏发射出很多的错误信息。不过，其条件是这些条片要根据雷达的波长来切割成适当的尺寸。其第一次使用，是在 1943 年 7 月的英国军队中。而其升级后的款式还给英国和美国飞机提供了重要的保护作用，从而使其一直到战争结束之前都有助于针对德国和日本的作战计划。

德国空军是 1939 年唯一的空中部队，但是在寻找夜间轰炸目标或恶劣天气条件下都经历了很多困难。后来，拥有不同的无线电电波设备（如"弯腿"、X- 设备以及 Y- 设备等），在其投入使用之后便可以解决上述麻烦。在 1940~1941 年的闪电战期间，这些设备都在使用中获得了极大的成功。但是，在英国科学家研究出其工作原理之后，这些系统便能相对容易地被拦截到了。

于 1942 年首度投入使用的英国"Gee"雷达，遵循的是类似的三角测量工作原理，但同样也在使用数个月之后遭到拦截。后来出现的"双簧管"使用雷达来测量飞机与不同地面站点之间的范围。所有这些产品中的一个不足之处，就是它们的射程都相对有限，范围大约是 450 千米。

稍后出现的依然是 H2S 系统（美国部队使用的是 H2X 系统，而其改进的型号是 APS-20），这种地面绘图雷达可以用任何地面站来实现飞机的独立操作。如果下面的地形具有河道或海岸线等地势，那么其工作效果将会是最好的。在这些设备的帮助下，英国皇家空军的重型轰炸机在 1944~1945 年间可以在夜间发起相对精确的攻击，而美国轰炸机集群只能在白天工作。

但是，所有这些设备都存在着一种缺陷，即可以利用飞机上的任何无线电和雷达发射器来追寻到其行踪。比如说，战争后期的英国"蚊"式夜间战斗机，就配备了名叫"Perfectos"（一种雪茄名称）和"Serrate"的有效设备，从而对德国敌方实现这些功能。

从诺曼底到莱茵河

1944 年 7 月底，盟军在诺曼底最终突破了德国的防线。在一个月之内，盟军部队解放了法国和比利时的多数地区，但是在 1944 年赢得战争胜利的希望却在不久之后化为了泡影。

7 月 25 日，美国第一军开始启动"眼镜蛇"计划，从诺曼底这个桥头堡开始做出突破。在接下来的几天时间里，进攻取得了较大的进展，并向南越过了阿弗朗什地区。至 8 月 1 日，德国在该地区的防线已经被摧毁，而一支新的盟军部队，即在乔治·巴顿将军领导下的美国第三军开始杀开血路，进入大众视野。第三军的部分兵力清扫了西面的布列塔尼，最终占领了圣马洛和布雷斯特这两个港口，其他部队则向东南方向推进到法国的勒芒以及内部腹地。

希特勒现在开始介入进来。虽然所有其他盟军部队也在开始全面推进，但是希特勒依然下令发起进攻，并穿过莫塘推进到阿弗朗什地区。8月7日~8日，德军的进攻开始陷入停顿阶段，而在诺曼底的全部德国兵力都陷入了较大的麻烦之中。

佛雷斯包围圈

大约有20支德国师团在北部地区英国人和加拿大人的包围圈中被擒获，在南部的则是美国人。德军毫无选择，只得向东疯狂撤退，经过佛雷斯地区，同时还要继续抵抗盟军的进攻。虽然很多德国部队在佛雷斯包围圈中确实顺利出逃，但是他们已无法组建起有效的军队阵型了。并且，为了在诺曼底彻底获取胜利，盟军部队已经跨过巴黎以西的塞纳河。

对德国人来说，还有更坏的消息在等着他们。8月15日，法国和美国的兵力在夏纳和土伦之间的地中海登陆了。在法国南部的德国部队已经非常微弱，根本无法构成任何威胁，同样也遭到了法国抵抗战士们的严重骚扰。至8月底，盟军稳步推进到罗讷河谷地区，并且在9月12日与来自诺曼底的部队顺利会师。

在诺曼底经过漫长的艰难行进之后，战局终于发生了逆转。巴黎在1944年8月25日获得解放。截至8月末，法国的多数地区被解放，而比利时的多数地区也在接下来的几天时间内相继获得了自由。但到此时，盟军部队早已用完了他们的物资供应，而其将领们则开始对接下来的策略产生了争议。安特卫普港拥有卸载军队所需的物资，但却在9月4日重新沦陷了，而其入海口也依然落到了德军的手中。最好的计划应该是立即发起一场作战计划将入海口的地方清空，并解决物资供应的问题，但这在10月之前一直都没有实现，而第一批物资也是在11月下旬的时候才被运到这里的。

一架太远的桥梁

蒙哥马利说服了艾森豪威尔，指出最好的计划就是跨越一系列的河流障碍，因为它们堵塞着进入德国的线路，办法就是发起一次空中和地面部队的联合袭击。在"市场花园"计划行动中，盟军占领了几座主要的桥梁，但是最后位于阿纳姆莱茵河之上的那座桥，却无法被攻克下来。盟军的地面进攻在前线停顿下来，此时已是9月末。

当英国和加拿大的联合军队最终正忙于清除斯凯尔特河入海口的时候，美国军队正在奋力战斗着，并在南部的亚琛和摩泽尔地区附近打了几场小胜仗。而德国人又在快速收复他们诺曼底惨败之后的失地，并开始为新一轮的进攻紧锣密鼓地筹备着预备队。

自行火炮

在快速移动战中，装甲部队需要机动性较强的大炮，这样才跟得上他们的坦克，因此很多种自行火炮被发明出来，从而填补了这一角色。其中很多设计都是基于标准的野战炮，但是另一些则属于中型火炮级别。

属这一类别的武器，就是那些自行火炮，这些武器在设计时主要或专门是用来发射高爆弹或者类似弹药的。但这种武器通常都缺乏装甲保护。

在英国和美国部队中属这一级别的设计，被认为是纯粹的炮兵武器，而在美国军中服役的则被称为"装甲野战炮军团"，还有就是具有额外机动性的牵引野战炮部队。对苏联和德国军队而言，这一类型和那些被描述为突击炮的武器一直都无法找到清楚的界限。

西部盟军类型

最早的英美联军类型，是在1942年的沙漠战争中首次登上历史舞台的。英国的第一种设计类型是"主教"自行火炮，一架25pdr

（87毫米）的炮筒安装在瓦伦丁坦克底盘上一个像盒子一样的超级结构上。这并不是一个成功之作，因为还有其他很多缺陷，从而极大地限制了炮火的仰角，并在射程上十分一般。

产量最多的美国设计类型，在1942年首度投入到阿拉曼战役之中，那就是M7式105毫米HMC（或者在英军中服役的"牧师"类型）。在M3 Lee坦克的底盘之上，安装着一挺标准的105毫米M2榴弹炮（仰角范围有限，不过并不比"教父"那款差劲），1945年期间，其继续处于使用之中。英国军队使用了一种类似的战车，其配有一架全仰角25pdr火炮，而那就是萨克斯顿自行火炮。

其他美国的设计类型包括两款轻型战车，并都安装有75毫米的火炮。M3 GMC被安装在一条改装的M3半轨道之上，而M8 HMC则安装在M5斯图亚特坦克底盘上。但这两款都不是非常成功的设计。

一小部分M12系列155毫米的GMC型，配备有一架第一次世界大战时代的155毫米枪炮，其曾经在1944~1945年的欧洲西北部地区使用过。其他新开发的设计则使用更加现代化的155毫米枪炮和榴弹炮，不过没有被及时生产出来以投入战斗。

东部战线类型

在这里提及的苏联设计，包括几种152毫米规格的安装版本。在战争早期的KV-1重型坦克之后，是一款152毫米装甲的KV-2型。这一款式装甲精良，但是其又高又窄的外形使其显得非常笨重且脆弱。下一款类型，即SU-152型，也使用了KV底盘，但却具有更好的性能表现，从1943年的库尔斯克战役开始投入使用。大约有700多架此类武器被建造完成。1944年，其生产被JSU-152型所取代，后者搭载着同样的武器，但是却基于重型坦克JS系列的设计。所有这些武器都具有相当的反坦克作战能力。

德国设计在类型上更加多样化。"黄蜂"式基本上可以与美国的 M7 系列相媲美。其运载的是标准的 105 毫米 leFh 18 榴弹炮，而其底盘是 2 号装甲车的设计，并且是给装甲师炮兵部队配备的专门武器。大约有 700 辆被建造出厂，从 1943 年开始服役。在装甲车部队之中，更加重型的系列产品是"野蜂"式自行火炮，其安装的是 150 毫米的 sFH 18 火炮。

此外，还有一部分基于不同底盘之上的战车也被建造起来，并搭载着 sIG 33 式 150 毫米火炮。更进一步的设计就是Ⅳ式突击炮，有时候也被称为"灰熊"突击炮，这一款式装甲精良，并搭载着 150 毫米的 StuH 43 式的火炮。

在其他方面的极品便是卡尔巨炮，这是一种 600 毫米的攻城迫击炮，并且安装在车轨之上。六架卡尔巨炮被建造完成，它们还被装配了备用的 54 厘米炮管，进而实现更远的射程。卡尔巨炮的炮弹重达 2170 千克，可以发射到 6580 米的远处。

非装甲战车

战斗部队会消耗大量的燃油和弹药，而战士自然也需要给养。实现这些任务的运输战车，因此也要比战斗设备本身更显重要。

至 1944 年 6 月末，盟军部队已经在诺曼底登陆了 15 万辆战车，这些战车和 85 万战士都需要补给物资。这些中的很多都是装甲类战车，但是其中更多的则是毫无装甲的运输卡车、炮兵牵引车、修理车以及其他种类的车辆。另一个生动的统计数据显示，在 1941 年入侵苏联的战斗期间，德国共投入了 2000 多辆不同类型的战车，而他们的军队则只有部分具有机械化配备，除此之外便是几十万头运力牲口。机动车辆的重要性由此不言自明，因此也不可能将其中所使用的种类逐一进行细数。

　　战争期间最著名的运输车应该是吉普车，其原本是由威利斯设计的，而制造却主要由福特公司来完成。在美国陆军方面，超过60万辆吉普车被制造完成，其中很多供应给差不多每一个盟国，当然也配备给美国部队使用。除了这些之外，还有数量庞大的1/2吨和3/4吨规格战车，其分别来自于福特、道奇、雪佛莱以及其他公司。

　　其他国家也有着类似的设备。苏联人建造过吉普车的GAZ–67型仿造品，从而给他们的物资供应提供车辆。德国人则有"桶车"型军用车辆，其是在战前大众的原有设计基础上建造的。即便是意大利人也有一种菲亚特508型，其在北非战场上获得了较好的战绩。

火炮牵引车

　　吉普车经常用来牵引反坦克炮，但是所有国家都拥有专门实现火炮牵引任务的设计类型。英国的25pdr火炮经常由莫利斯C8 "QUAD"火炮牵引车来牵引，而更加重型的武器则由AEC的"斗牛士"军用卡车来牵引。美国重型炮兵部队使用好几种全轨道的车辆来实现同样的功能，其速度之快令人咋舌，并具有良好的越野能力。这些车辆中的很多都是由艾利斯 – 查默斯公司生产的，其之前比较出名的是其农用拖拉机。

　　苏联重型火炮部队也投入使用了一些由拖拉机制造厂生产的战车。德国的重型牵引战车包括SdKfz 8和SdKfz9半轨式，其可以实现坦克修复任务。

　　战斗区域的坦克的运送和拉回，以及在战地中修复破损坦克的事项，是极其重要的增援任务。美国的坦克运输车类型，也被英国人使用过，其包括由Diamond T和Mack公司生产的战车，而英国本土的类型则包括来自于Albion和Scammel公司制造的产品。

货运战车

　　对简单的货运任务来说，美国的2.5吨型号可谓相当杰出。大约共有80万辆此类战车被制造出来，其中多数都是由通用公司生产的，供给盟军作战部队。苏联军队在东部战线使用着更多的美国卡车，数量上超过了他们自己的产品。

很多国家都有大约为 3 吨标准的类似设计产品，并且都由本国著名的机动车制造公司生产。还有另一部分数量较小的大型战车，规格在 10 吨或 12 吨的级别上。此类战车包括英国的 10 吨规格"Heyland Hippo"和苏联的 8 吨规格"YAG-10"。

在战争中最出名的运输货车，当属法国的所谓"红球快递计划"战车，其是由盟军在 1944 年于法国境内装配起来的，旨在确保其推进部队的持续物资供应。此计划使用了好几千辆卡车，奔跑在圣洛至沙特尔之间的单行道上。但是，即便付出了如此之大的努力，依然无法在 1944 年 9 月中旬时使军队继续运转下去，那时候盟军已经位于诺曼底沙滩上游的 700 千米处，而诺曼底沙滩原本就是他们的物资登陆地点。

攻入德国

苏联红军在 1945 年的前几个月中从华沙出发，一直推进到奥得河地区。而 3 月，又开始了对捷克斯洛伐克和奥地利的攻克战斗。

至 1945 年 1 月，苏联人已经做好准备，要对德国发起全面进攻。大约有 400 万的士兵和无数坦克、枪炮及飞机等，都开始沿着战斗前线推进，从波兰南部一直朝着立陶宛的波罗的海沿岸进发。

斯大林非常清楚地表明立场，即他一个人在执掌着大权。朱可夫从其中央参谋部转移到了战斗前线，虽然他在进军柏林的过程中还领导着第一白俄罗斯前线；身为参谋总长的华西列夫斯基，也在 2 月接到了一次行动命令，并被另一个更加年轻的军官所取代了。

苏联的进攻是在 1 月 12 日发起的，其最猛烈的攻击先从维斯瓦河西面的桥头堡发起，在一个星期内，这些部队就顺利推进到西里西亚地区，而华沙则在 17 日被攻占。

随着德国人在前线的崩溃，进攻开始加速起来。在一段时间内，惊慌失措的希特勒甚至让纳粹党卫军的头目海因里希·希姆莱这个毫无军事才能并缺乏领导天赋的人负责指挥维斯瓦河陆军集团军，而这道新命令显然是意图能够力挽狂澜。但是，到 1 月初，朱可夫的坦克已经抵达奥得河地区，而那里离柏林仅有 65 千米之遥。

占领东普鲁士

到 1945 年 1 月初，德国东普鲁士省的多半地区都已经被占领。而第二与第三白俄罗斯前线部队，就在维斯瓦河进攻发起的时候，同时从南面和东北方向发起了进攻。2 月初，南部的进攻一直推进到埃尔宾（埃尔布隆格），并切断了东普鲁士与德国其他地区的联系。这一省区的几乎所有剩余部分都在 4 月初被占领，而首府柯尼斯堡（加里宁格勒）也宣布投降。

在这个历史时期，曾经出现过一次大规模的海上大撤退行动，并导致了很多的伤亡，不光有德国军队，还有来自于但泽湾和基尔港地区的平民，他们都试图安全撤离到西部地区。海岸线上的一些矿区，在 5 月德国正式投降之前，仍一直处在德国人的控制之中。

停顿在易北河上

到 1945 年 2 月，苏联的先头部队似乎已经做好了向柏林推进的准备，并完全可以轻而易举地完成此次进攻。但是，出于很多而今无法考证的原因，斯大林并没有选择这样的作战计划。相反，苏联军队花了数周的时间去控制波美拉尼亚和西里西亚的南部地区。最好的解释似乎是，斯大林并不希望在他尚未完全控制波兰和德国其他领土之前结束这场战争。而在这个阶段，西部盟军依然缓慢地向着莱茵河地区推进，他们似乎并不希望抢先到达柏林地区。

在波兰南面的苏联军队在 1945 年最初几个月里并没有发起多少进攻，只是在 2 月结束了对布达佩斯的围攻。接下来的是德国在此阶段战争中最重要的一次进攻。在突出部战役失败之后，希特勒将第六纳粹党卫军装甲师的精锐部队都转移到匈牙利前线，而其发起的进攻则只是在巴拉顿湖地区取得了有限的战绩，时间是 3 月份的最初两个星期。在 3 月 16 日苏联的进攻恢复之后，这些地方立即被苏军重新收复了。到了 4 月，苏军攻占了奥地利的多数地区，并在 5 月初挺进到捷克斯洛伐克的腹地。

3 月，英美联军在莱茵河成功会师，并在那时对主要前线制定了紧急的作战计划。3 月末，斯大林终于下令对柏林发起决定性的进攻。

重型迫击炮和炮兵火箭弹

德国的烟雾发射器和苏联的"喀秋莎"火箭炮，是第二次世界大战陆军武器中最令人震撼的类型。重型迫击炮也可以带来令人敬畏的集中火力，并造成巨大的伤亡率。

重型迫击炮和地对地火箭弹，可以造成战争中最具摧毁性的突然轰炸效果。火箭弹和迫击炮具有比传统炮兵武器更好的优点，它们可以迅速带来较强的火力，并对目标进行相对精确的打击，其炮弹所走出的线路，确保了其爆炸效果是非常不错的。比如在 1944~1945 年间，英军在欧洲西北部地区的伤亡率中的一多半，都是由这些武器所造成的。

除去这些专门用于步兵支援的迫击炮之外，很多军队也会使用一些更加重型的武器类型，尤其是德国和苏联。苏联 120 毫米的 HM38（基于法国勃兰特的设计），可以将 16 千克的炮弹发射到 6000 米的远处。其他的苏联武器还有 160 毫米和 240 毫米的设计。德国 120 毫米规格的设计，其实是苏联 HM38 的复制品。美国和英国也都使用过 107 毫米的武器。美国的类型具有类似步枪枪管的与众不同设计，多数其他迫击炮则属于无膛线炮。

火箭炮

与其他军队相比，苏联和德国有着更加广泛的火箭炮使用率。德国的烟雾发射器类型，包括 6 管 150 毫米和 5 管 210 毫米的设计，此外还有其他更大口径的规格。苏联的"喀秋莎"经常是由卡车运载的，包括可发射 32×82 毫米火箭弹的 M8 式，以及可以发射 16×132 毫米火箭弹的 M13 式。这些后来的类型都有着 18 千克弹头的设计，并可以实现 8500 米的射程。

火箭弹经常在发射的时候发出比较特殊的响声，因此英美联军给德国烟雾发射器取的外号是"爱哭鬼明妮"，而苏联红军则将他们自己的"喀秋莎"火箭弹称为"斯大林的大嗓门"。

V 武器

希特勒以为凭一些"复仇武器"可以为德国赢得战争的胜利，但是，虽然它们有着极其凶恶的名声，但效果依然十分有限。这些武器的制造，付出了数千名被奴役者的生命。

巡航导弹和弹道导弹，是 21 世纪日常军事专业词汇中不可或缺的一部分，但它们的"祖先"其实是德国的 Fi–103 式和 A–4 型，其在第二次世界大战中有着广泛的使用。这两种武器都有着很多的代码名称和特定名字，其中多数都被称为 V 系列（其中的"V"所代表的是德文中"复仇兵器"的意思），最早是由德国宣传机构提出的，后来得到了希特勒的正式批准。

V-1 飞行炸弹

Fieseler 的 103 式，或者 V-1 的飞行炸弹，都属于小型的无人驾驶飞机，而其驱动力来自于脉动式喷气发动机，其可以配备一名自动驾驶员来引导其飞向目标物体。从 1942 年开始测试的这款产品，是在 1944 年 6 月首度投入军事行动的，当时正好是诺曼底登陆之后几天。

在初期阶段，多数此类导弹的发射目标都在伦敦。在法国基地被盟军部队控制之前，大约发射了 8600 枚此类武器，其中大约有四分之一抵达了目的地。在战争后期，安特卫普和其他比利时城市都被瞄准作为目标地，但此种导弹在精确度上依然表现平平——大约有一半左右的导弹落在了距目标十几千米的范围之内。

虽然 V-1 飞行炸弹的制造成本较低（每一个大约是 5000 马克，是当时 V-2 导弹价格的 2.5%），其在 1944~1945 年间生产的 3000 枚也几乎占到德国高爆弹总产量的一半，但却只造成了英军不到 7000 人的阵亡率。

V-2 火箭弹

A-4/ V-2 弹道导弹也是一种在总体上属高科技类型的武器。其液体燃料的火箭弹，可以将其运载到 80 千米的平流层，然后以超音速的速度坠落到目标物之上。与 V-1 不同的是，V-2 火箭弹可能会被战斗飞机或对空火炮拦截到。

从 1944 年 9 月开始，伦敦和其他城市总共被发射了 3500 枚此类武器，但是在同一时期，其所产生的爆炸威力还不如盟军对德国发起的一次大规模突袭火力。越来越多的被奴役者在制造 V-2 火箭弹的过程中死在了纳粹工厂之中，这个死亡数字要比 V-2 导弹攻击所造成的伤亡数字还要大。在这款武器方面，有人曾经计算过，V-2 火箭弹的研发成本几乎相当于美国在制造原子弹方面所支出的费用。

喷气式飞机

虽然在 1944~1945 年间服役的活塞发动机飞机在很大程度上要比那些在战争初期投入战斗的更胜一筹，但是它们显然又被新式的涡轮喷气飞机超越了，虽然所有这些都存在着安全可靠性及其他种种问题。

虽然活塞发动机飞机的动力在第二次世界大战中得到了实质性的提高，但是很显然，涡轮喷气式发动机在未来会有着巨大的发展潜力。所有主要国家在 1945 年之前一直都忙着研究此类设计，但是只有德国和英国在第二次世界大战结束之前的战斗中使用过喷气式飞机。美国也有喷气式飞机效力于军中，但是在各种作战计划中并没有做出过具体的部署。

第一批喷气式飞机

第一批可投入使用的喷气式发动机是在 1937 年生产的，那是在英国和德国各自的研究项目中诞生的。在那个阶段，由法兰克·惠特尔发明的英国设计类型，在当时更加先进一些，但是海因兹·冯·奥海因的发动机则是投入实际飞行的头一个，那就是在 1939 年的亨克尔 178 式之中。惠特尔的格洛斯特 E.28/39 型，是在 1941 年时第一次投入飞行的。这两种类型原本都不是作为战斗机来制造的。还有两款设计都在 1941~1942 年间升空，那就是梅塞施米特 163 式和 Me 262 式。

Me 163 式有完全不同的发展历程。由于其有着截然不同的箭头形状设计，使用的是瓦尔特公司的火箭发动机动力，因此其可以达到令人难以置信的 960 千米每小时的飞行速度。在缺点方面则是，其自身只能携带大约 10 分钟的燃油储量，而这些燃油本身又极易发生爆炸；另外，在其简短的飞行之后，飞机必须折返飞回基地并采取刹车方式进行着陆，而不是正常的起落架降落方式。这种飞机是在 1944 年年中开始投入飞行的，但在针对盟军轰炸机的战斗中并未获得多大的成功，而事故和其他问题则时常出现。

涡轮喷气飞机和 Me 262 式提供了更好的前景，不过从其 1942 年 7 月的首度飞行到真正投入实际战斗，花费了两年多的时间，这主要是由于发动机缺陷及其他问题所造成的。虽然希特勒早已下了命令，要将其改装成快速飞行的轰炸机，而这显然于事无补。

虽然可能建造了 1400 架此类飞机，但这远远不足以组建一支空军中队，并且它们还存在着诸如燃油短缺以及其他问题的困扰。它们在飞行速度上虽然可以超越盟军的飞机，并且在轰炸机拦截方面具有很好的装甲配备，但是其中很多架依然被击落，就在它们刚刚着陆或从基地起飞的时候，因为那时候它们的飞行速度还很慢，极容易受到攻击。

还有另外两种德国喷气式战机被建造出来，并可以投入战斗，却并没有参加过多少实战。1944~1945 年间，有 200 多架阿拉度 234 式轰炸机被生产出来，但却只参加过零星的实际战斗，其中最著名的就是在雷马根的莱茵河桥之战。

大约有 50 架简约化的战斗机类型，即亨克尔 162 "人民战机"，在战争的数月中被建造完成。这款设计主要适合于那些并没有多少作战经验的飞行员来驾驶，但是到了这些飞机可以飞行的时候，却又找不到多少燃油了。在 1945 年 4 月，这些战机执行过许多次飞行任务。

盟军的类型

在盟军方面，美国的贝尔 P-59 "空中彗星"战斗机在 1942 年 10 月便已开始了第一次飞行，但却反复出问题，并且从未参加过

任何实际的军事任务。另外两种美国的设计款式，即洛克希德 P-80
和瑞安 FR-1（这款类型同时具有活塞发动机和喷气式发动机装备），
都在日本投降前被做出了部署安排，但并没有参加过实际战斗。

英国的格洛斯特"彗星"式是在 1943 年时投入飞行的，并
在 1944 年 7 月参加到实际的战斗中去。起初，F1 款式主要用来实
现本土防御的功能，并参加针对 V-1 飞行炸弹的作战任务，但在
1945 年，做了稍微改进的 F3 式却被部署到大陆的很多基地。与其
他早期的喷气式飞机一样，这种战机也遇到了很多牙轮咬合方面的
问题，而后来的生产批次则展现出解决了这些问题的略微改进。

反坦克炮，1942~1945

更快的炮弹出膛初速和更新式的武器弹药，都确保了反坦克
炮依然具有令人生畏的破坏力，即便是庞大的重型坦克也不例外。

在战争的后半段，反坦克炮的威力继续处于增长之中，不过
改进主要集中在更加新式的武器弹药类型，而不是口径上的巨大
增加。各国军队也发现，更大口径的牵引式反坦克炮在实际行动
中显得比较笨重，而且也不太容易被隐藏，因此，在反坦克作战
中越来越偏向于自行火炮的武器类型。

新式武器弹药

在武器弹药方面，简单的实心弹穿甲设计也开始暴露出容易被
冲击力损坏的缺点，而且也越来越容易从坦克的坡面上擦过。这便
导致了被冒穿甲弹（Armor Piercing Capped，简称"APC"，和穿甲
弹类似）的引入，从而获得更好的冲击效果，此外还有由这些发展
而来的空心被冒穿甲弹（APCBC），从而恢复理想的外形。

具有密集性穿透核心的复合炮弹，都被装到较轻的车辆行李

架之中（重芯穿甲弹，简称"APCR"；或者在美国系列之中的超速装甲弹，简称"HVAP"），此外还有这些类型的改进版，其较轻的行李架在炮弹离开枪管之后会发生严重倾斜（脱壳穿甲弹，简称"APDS"）。这些都完美结合了较轻的重量和更快的加速度。在战争期间，不同的炮弹具有不同射程，并在不同时期被开发出来。比如说，APDS 是英国特有的，其是在 1944 年春天被引入到 6pdr（57 毫米）规格的大炮中的。

诸如 6pdr 之类的早期武器，一直到战争结束时还在使用着，这在某种程度上要归功于其武器弹药的改进，也在于它们本身在针对更短射程目标的打击上具有更加有效的作战能力。但是，在英国部队之中，6pdr 的规格从 1942 年开始又被 17pdr（76 毫米）的规格所补足。基本上完全一样的美国 57 毫米的规格，也得到了 76 毫米 M5 式和 90 毫米双功能款式的弥补，而其原本是按照对空炮弹的规格来制造的。

自行火炮

所有这些武器的特点，都在于其自行发射的安装设备上。实际上，牵引式与自行式火炮都服役于美国的坦克驱逐舰部队之中。这些武器之中最著名的，当属 M10 和 M36 式，此外还有一种更加轻型、速度更快的设计款式，那就是 M18 "地狱猫"式，这种火炮同样安装在后来的美国谢尔曼坦克上。在英国方面，其 17pdr 规格的火炮被安装在一架 M10 款式即"阿喀琉斯"上，而另一款从瓦伦丁坦克衍化而来的战车则是"阿彻"式。

苏联的反坦克武器，包括 ZiS-3 式 76.2 毫米野战炮，其有着相当不错的装甲弹攻击性能。这种款式的火炮被制造了数万架，而其非常令人生畏的 100 毫米 BS-3 型是在 1944 年时投入使用的。多数的苏联自行火炮都具有相当不俗的反坦克能力，并在 SU 系列的突击炮中具有比较重型的装甲配备。

除了其突击炮之外，德国也有着不同的坦克"追猎者"类型，当然还有牵引式的武器装备。75毫米PaK 40牵引式火炮是在1941年晚期引入的，并一直服役到战争结束。此外还有另一种经过改进的"88"式，即71口径的88毫米PaK 43型。

"追猎者"战车包括很多种设计款式，比如"黄鼠狼"步兵坦克。这些都是在一种特殊的底盘上建造的，其要么装备着德国PaK 40式火炮，或者直接安上苏联的76.2毫米的武器。它们都是在1942~1943年间投入使用的。后来的"追猎者"就是数量最多的坦克类型，大约生产了2500辆，并都搭载着75毫米的火炮。"犀牛"式则显得更加坚不可摧，因为其装载着更长炮管设计的PaK 43型，但是只生产了500多辆。

在西部战线和意大利的胜利

盟军指挥官在向德国境内推进的时候，早就做好了打一场硬仗的准备。然而，在他们越过莱茵河之后，德国人的抵抗却在数周之内瓦解了。柏林这座城市，作为战争的犒赏，还是留给了苏联军队。

1944年秋天的战败以及在来年突出部战役的艰苦战斗之后，盟军指挥官们并不期望能够在对德国的战斗中轻易获胜。他们还特别想到过，针对德国的跨莱茵河行动将会是一场硬仗，但事实证实他们的预料是错误的。

英国和加拿大军队在2月初就在战线的北端首度发起了攻势，并穿过雷赫瓦尔德森林进行了一场险象环生的战斗，进而推进到莱茵河地区。美国的第九军在他们的南侧也准备于不久之后加入到进攻队伍之中，但却因为泛滥的洪水而遭到拖延，而这场洪水其实是德国人故意捣的鬼。到 3 月初，第九军已经开始行动，并与美国的第一军和第三军汇合，从而推进到南部的纵深处。

在数天之内，盟军部队已经抵达了科隆以北莱茵河地区的各个地方，到 3 月 7 日，美国第一军已经抵达了南部的雷马根地区。

美国人赶在德国人将其摧毁之前占领了莱茵河上的铁路桥梁，并立即开始让部队穿过。最后一支盟军部队，即美国的第七军和法国的第一军，在 3 月中旬几乎掌控了德国人在河流以西的剩余领土。

自 23 日晚开始，蒙哥马利的英国部队便已开始在韦瑟尔附近地区实施他们早就做好计划的跨越莱茵河突击战，并且他们所遇到的麻烦要比原先预料的要少很多。这原本被视为盟军的主要进攻行动，但是在雷马根地区的穿行在 22 日的时候得到了另一支部队的支援，那就是在美因茨地区以南的第三军。巴顿决定要窃取蒙哥马利的战斗荣誉。在几天之前，艾森豪威尔早已做出决定，要修改盟军的作战计划，即要加强在鲁尔以南地区的这些进攻努力。

包围鲁尔地区

希特勒依然在下达他通常会下达的命令，即不得撤退，而只能做疯狂的抵抗。但是，现实却是，越来越多的德国部队现在巴不得向盟军部队投降，因为这样就可以免遭苏联人的毒手。3 月末，新的盟军攻势开始包围整个鲁尔地区，而在那里的超过 30 万的部队，都在 4 月中旬时缴械投降了。

到了这个阶段，苏联军队已经到达奥得河地区，那里离柏林只有 65 千米的距离，并且其似乎非常容易就可以占领了。因此，在 3 月中旬时，艾森豪威尔做出决定，他的部队不再尝试向柏林地区进发，而是集中兵力向更南地区前进，去面对一个令人害怕的所谓"国家堡垒"，那是疯狂的纳粹为了在德国南部做出最后顽抗而建造起来的防御工事。

其实，英美联军现在已经沿着战斗前线全速推进着，而苏联军队则并没有为他们奔向柏林的最后一役做好准备。4月中旬，美国部队抵达了柏林以西的易北河地区，并驻守在那里，而其与苏联人的第一次接触的是 25 日的托尔高西南部地区。

在意大利的最后战役

1944 年，在罗马被占领之后，盟军部队从意大利撤出，开始去占领法国的南部地区。剩余的盟军部队继续发起缓慢的推进，并一直持续到 1945 年初。1945 年 4 月，他们重新发起了新一轮的攻势，获得了更多的战绩。德国在意大利的部队是在 5 月 2 日投降的，而在 5 月 4 日，推进中的盟军部队在勃兰纳山口与穿越过巴伐利亚径直而下的美国第七军汇合。

到 5 月初，后来变成"西德"的那些地区，都开始处于英美联军的控制下，而正式的投降也是在这里进行的。德国人在北部的兵力于 4 日向蒙哥马利宣布有条件投降，接下来的便是德国人的全面投降，并于 7 日当天在艾森豪威尔的总部签订了投降协议书。

步兵反坦克武器

至 1945 年，装备最好的部队的步兵都拥有便携式武器，其足以摧毁最重型的坦克，只要他们能够豁出去、大胆靠近那些金属的庞然大物即可。

威力巨大的步枪，曾经被用做反坦克武器，这几乎从第一次世界大战坦克首次投入使用以来便有先例。这些武器的各种款式，在第二次世界大战爆发时依然服役于军中，但在不久之后便成了废铁一堆，因为坦克装甲得到了大幅改进。

1942~1943 年间，英国、美国和德国都开始引入空心装药原理的武器，并将焦点集中在爆炸威力之上。这些最终诞生了足以摧毁一辆坦克或者可以将碉堡或其他防御工事炸开的步兵武器。

反坦克步枪

在战争初期，在军中服役的反坦克步枪包括了英国的博伊斯设计类型，其口径为 14 毫米，还有苏联的两款设计，即 PTRD 1941 和 PTRS 1941 型，这两者都是 14.55 毫米的口径规格。这些都有着类似的性能表现，能够在 400 米的远处穿透大约 25 毫米厚的装甲。更小口径的类型还包括波兰的 Maroszek Wz 35（意大利人使用过大量的此类武器），德国的 Panzerbüchse 38 式和 39 式，这些全部都是 7.92 毫米的口径。

火箭发射器

美国陆军在刚刚投入战争的时候，并没有什么反坦克步枪，但在不久之后便获得了更好的宝贝武器，那就是 60 毫米口径的 M1 火箭发射器（也被称为"火箭筒"）。这种武器可以摧毁多数同时代的轴心国坦克，并在射程上达到 400 米的距离，不过在这一远距离的射击精确度完全没有了把握。后来的版本款式将口径增加到 76.2 毫米，并提高了穿透装甲方面的性能。

德国 88 毫米口径的"坦克杀手"反坦克火箭筒（或者"战车噩梦"火箭筒），其实是巴祖卡火箭筒的复制品。英国的"步兵反坦克抛射器"（简称 PIAT）看上去比较笨重、粗糙，但其却能够发射效果不错的 1.4 千克的炸弹。

德国也使用更具创新力的反坦克榴弹发射器（或"坦克铁拳"），这种轻型、简便的单发武器带有发射管的设计，使用之后可以直接丢弃掉。射程最远的反坦克榴弹发射器新款，只能达到 100 米的射程，但是其威力和使用时的轻便性却使其成为任何坦克不可忽视的极大威胁，特别是在野外或高楼林立的地区。

在第二次世界大战期间，其他军队都没有研发出诸如此类的武器。

地雷与其他防御武器

地雷，及其"近亲属"诡雷，有时候也被称为"沉默的士兵"，因为其会耐心埋在地下等待着敌人上钩。在战争中的每一个战场，它们无疑都是一种潜在的威胁，足以在战斗中大开杀戒，也可以在战斗部队移往别处之后继续留存着。

在第二次世界大战期间，投入使用的地雷主要有两种类型，其一是反人员地雷，其二是反坦克地雷。前者通常更小一些，较轻的动力就能将其触爆，而后者则更大一些，所需的启动力也更大。布雷区可以选在任何开阔的地带，并包括其中之一或经常出现的两种结合的类型。单个或小规模数量的地雷，可以用来做定点防御，或者作为在任何地点都实际存在的诡雷群。

任何部队对敌军的地雷都恨之入骨，这是有充分理由的。反人员地雷经常致使士兵伤残，而不是直接毙命，因为受伤的士兵经常需要协助，这样便可以让好几名战士退出火力前线。

地雷的设计经常也会带来心理恐惧。德国和美国都大量使用地雷，并且是双引爆设计的款式：其第一引爆设计是在其被抛到空中时遭到外力冲撞，第二引爆设计则是由投掷者主动将其引爆。比如说，德国的 S 型地雷可以将 350 粒榴霰弹球炸开，距离大约是地面以上 1.5 米，并产生摧毁性的效果。

反坦克地雷的外形，可以是条状的，也可以是铁饼外形的。在1940 年的西部沙漠地区，意大利部队第一次使用这种武器。常见的设计类型包括苏联的 TM/39 型，其含有 3 千克的弹药；或者是稍微轻型的英国马克 V 型。

德国和苏联都是地雷最忠实的使用者。除了最经常遇到的饼形反坦克设计类型之外，德国也拥有不同的反坦克与反人员类型的设计，其中有玻璃、塑料和木头原料的，所有这些设计都是为了使其不容易被探测到。各个国家的很多地雷都被安装了防起雷装置，从而使其移除的任务变得更加困难和危险。

攻克柏林

在战争的最后几周，希特勒给欧洲所带来的创伤，在柏林地区遭到了变本加厉的恐怖报复，因为苏联军队占领了这座城市，虽然希特勒设置了很多碉堡，但是苏联人还是横扫了德国的多数地区。

从一开始，第二次世界大战就是一场全面展开的战争，其中出现了最大程度的暴力和凶残厮杀，而其最后的大战役却见证了这一趋势的持续。1945 年 3 月末，艾森豪威尔早已告诉苏联人，他的部队将在柏林前沿处突然止步，并无意直接占领这座城市。斯大林却并不相信，仍然敦促苏联红军做好全面准备，尽量抢先赶到那里。

奥得河突击战

苏军的进攻是在 4 月 16 日发起的，当时有 250 万人和令人震惊的 16000 架炮兵武器被部署到这次作战计划之中。德国人或许拥有 100 万的兵力，但是他们中的很多要么年事已高，要么就是太年轻。他们也没有与敌人规模相匹敌的装备，而且即便他们确实拥有坦克部队，此时也已几乎无法给其配备燃油。不过朱可夫第一白俄罗斯前线部队发起的最初进攻，即针对库斯特林以西施劳弗高地的进军，起初并没有获得胜利，这在某种程度上是因为德国维斯瓦河陆军集团军现在处于一名身经百战的防御专家的指挥之下，那就是哥特哈德·海因里希。

但到 4 月 20 日，德国人的抵抗不可避免地开始遭到瓦解。朱可夫朝着柏林及其北边地区的冲锋，也得到了科涅夫第二白俄罗斯前线部队的增援，其地点就在往南一些的奈塞河地区。

为了确保最快速度的推进，斯大林授权手下两名将军去占领柏林，并看谁先到达那里。朱可夫的部队在 21 日已经抵达了这座城市的边缘地带，而这两支先头部队也胜利会师，并在 25 日对波茨坦的西部地区形成了一个包围圈。就在同一天，科涅夫的部队与美国部队在易北河的托尔高地进行了接触。

在接下来的几天里，苏军一路奋战，从街头打到巷尾，从这栋房子打到那栋房子。4 月 30 日，他们蜂拥而入到德国国会大厦中，那里离希特勒的司令部碉堡只有 400 米之遥。在 29 日当天，希特勒授命海军上将邓尼茨担任其接班人，接着他自杀身亡。这场战斗有了稍微地延长，但 5 月 2 日，苏联前沿部队与南部的兵力汇合，德国最后一个驻地要塞也宣布投降。

与此同时，德国第九军的剩余兵力，即在数周之前奥得河上的部分防御兵力，开始向西发起奋力反攻，从而摆脱苏联人，最后向美国人缴械投降。他们清楚地知道，如果被苏联人擒获，等待他们的将会是悲惨的命运。自苏军进入了德国境内以来，其推进带来了一场疯狂的杀戮、强奸和肆无忌惮的劫掠，不论是在敌军首都还是周边地区都是如此。

德国的投降

在希特勒死后，战争的结束已成定局。德国在意大利的部队也于 5 月 2 日缴械投降，而德国北部和德国南部的投降时间分别是 5 月 4 日和 5 月 5 日。5 月 7 日，邓尼茨的代表在艾森豪威尔位于兰斯地区的总部签署了全面投降的协议。斯大林不无怀疑地坚持认为，在 8 日应该在柏林地区再签署一次类似的协议。但是，西部盟军在 8 日便开始庆祝欧洲胜利日，而苏联方面则是在 9 日。

即便如此，那时候的杀戮并没有结束。德国最后部队的一些，一直在捷克斯洛伐克地区坚守到 4 月末。5 月 5 日，布拉格人民策动起义反抗德国统治，德军发起了疯狂的反扑。在接下来的一周里，苏军从东面和北面形成了包围圈，而最后的德军则于 13 日宣布投降。在欧洲的战争终于宣告结束。

第六章　日本帝国的毁灭

至 1943 年，美国军队实力的极力扩张终于开始产生效果。虽然在战争生产方面有了很大的提高，但是日本依然无法与美国相匹敌。从位于新几内亚和所罗门群岛相对较小的新起点开始，盟军的反击不久之后便在速度和实力上均得到发展。美国的海军和海军陆战队开始了他们横跨中太平洋的越岛作战，而麦克阿瑟的盟军太平洋西南指挥部则开始涌向菲律宾地区。至 1944 年年中，一场残酷的潜艇战役，开始使日本陷入无法对本土进行防御的境地，日本本土开始遭到沉重的炸弹攻击。在亚洲大陆，日本可以继续压制微弱的中国兵力，但是从缅甸出发入侵印度的计划则被英印第十四军粉碎了。

1944 年下半年至 1945 年年初，随着对菲律宾、硫磺岛以及冲绳岛的占领，对日本形成的包围圈又开始缩紧了。日本"神风敢死队"自杀式的垂死进攻，并没有减缓美国人的推进。盟军进攻日本本土的计划，在 1945 年 8 月开始逐步形成。所有的局势都随着原子弹在广岛和长崎的爆炸而发生了巨变，还有就是苏联对亚洲大陆的进攻。在几天之后，日本宣布投降。

新几内亚和所罗门群岛

日军在战争后期开始为他们在战争初期轻率鲁莽的四处征战付出代价。各驻地要塞逐渐被孤立，随着盟军向菲律宾反击部队的推进，这些地方要么被连窝端掉，要么就被活活困死。

　　在中途岛战役取得胜利之后，美国的战略家们都知道，他们可以转入对太平洋地区的战斗，但是在如何发起反击战的具体问题上存在极大的争议。麦克阿瑟当时在澳大利亚担任的是盟军西南太平洋司令部的总司令，他强烈主张穿过所罗门群岛并沿着新几内亚北部海岸线，从而最终履行他折返回菲律宾的誓言。

　　海军上将切斯特·尼米兹负责指挥太平洋地区战事，而其基地则在夏威夷。他想经由中太平洋的群岛发起进攻。与麦克阿瑟的主张一样，这只是一个战略，旨在帮助自己获得指挥权。但在事实上，后一方案在伤亡率和物资上也显得更加直接和经济。但是，美国的资源开始变得十分富足，因而这两项计划可以同时展开。其实，对总统及其智囊团而言，这在政治上都存在很大的难度，最终的决定者一般都只会选择唯一的方案。

空中优势

　　所有盟军的进攻都是在空中兵力的基础上发起的，而在这一领域中的优势是到 1942 年年末才逐渐变得明朗起来的。这一点在 1943 年 3 月初打响的俾斯麦海战役中得到了很好的证实。一支日本的护航队从腊包尔地区起航，前去增援他们在新几内亚莱城附近的阵地，却在途中遭到伏击。十几艘军舰被击沉，另有 4000 名士兵被淹死。

　　盟军这次袭击之所以取得成功，完全仰仗密码破解，这在战斗的剩余全程中都起着极其决定性的作用。盟军反复攻击防守脆弱的地点，并迅速建立起空军基地，从而确保对附近任何强大日军兵力的主宰权。

　　较大的日军阵地被空中突袭所压制，接着在实际战斗中又被忽略，而盟军的部队则进一步推进到其他地方。这一战术甚至被应用到腊包尔和卡维恩的主要日军堡垒要塞那里。

新几内亚

在进攻发起的最初阶段，日本人被牵着鼻子往前走，接着，他们终于失去了平衡，因为盟军其他部队突然跳到马卡姆山谷和休恩半岛地区。在第二阶段，即 1944 年 4 月至 5 月期间，在艾塔佩和霍兰迪亚的登陆行动，使日本在威瓦克附近的几万兵力陷入孤立无援的境地。最后在新几内亚西部及其附近岛屿地区的登陆，则建立起很多基地，从而对马里亚纳群岛和菲律宾群岛的军事行动予以增援，而这一行动马上就要发起。

所罗门群岛

再一次，同样的战术在所罗门的战斗计划中得到了运用。这在布干维尔岛的登陆事件中可以得到最清楚的见证，这一行动是在 1943 年 11 月 1 日发起的。这座岛屿驻守着大约 6 万名日军。美国的海军陆战队并没有发起直接的攻击，而是登陆在距离奥古斯塔皇后湾东岸 120 千米的地方。那个时候，日本人已经穿越丛林来到盟军的滩头阵地，其强大的实力还足以击退这些攻势。

虽然在布干维尔岛的战斗一直持续到整个战争结束，但局势越来越有利于盟军部队，其中主要就是澳大利亚的兵力，而处于忍饥挨饿之中的日军，与该地区的其他部队一样，已经无力回天了。

水上飞机和海军支援飞机

在风暴肆虐洋面上的远距离巡逻，或许会遭遇到一艘敌军潜水艇的突然袭击，而这就是海上飞机的主要任务。与其他很多军事任务一样，远距离巡逻可能会遇到很多麻烦。

海上巡逻飞机，包括大型的远距离水上飞机、小型的飞行艇（经常从船上而不是航空母舰上起飞）以及战争后期的特别雷达设备，都被研制出来，其中以陆地为基地的类型则用来执行远距离的反潜艇作战任务。先进的海上作战力量（英国、美国和日本）都广泛使用了此类飞机。

飞行艇

就这种类型而言，在军中服役的还有很多不同的设计款式。法国、美国和德国都拥有超过10种以上的此类战机，在此只着重对其中少数做出介绍。数量最大的美国飞行艇，当属 Vought OS2U "翠鸟" 水上飞机（总共建造了1500架）。其最远飞行距离可达1300千米，并可以从很多美国海军的战舰和巡洋舰上直接弹射起飞。

两种比较著名的日军飞行艇，就是双翼飞机三菱 F1M "皮特" 型了，其有着惊人的良好性能表现，而能力更强的爱知 E13A "杰克" 型则拥有2100千米的飞行距离。

德国在此级别中的最佳飞机就是亨克尔115型，但是阿拉度196型也起到过重大的作用。

英国最常见的小型飞行艇是 "海象" 水上飞机，这是一种过时的推动式双翼飞机，但也曾经有过广泛而战绩斐然的服役期。

但是，很多海上飞机都要比飞行艇显得更加现代化。英国和美国开始转向远程的民用飞艇，比如帝国航空和泛美航空的此类产品投入军中服役，此外还有为特定目的而建造的。英国的类型就是肖特 "桑德兰" 水上飞机，其巡逻任务的执行时间最高可达16小时，而其携带的武器包括深水炸弹、普通炸弹、地雷以及很多防御用的机关枪。

其他设计

美国拥有两款非常成功的双引擎飞艇，即马丁 PBM "水手" 型和联合 PBY "卡特琳娜" 远程轰炸机（其中的卡特琳娜还曾在很多盟军国家中服役过）。"水手" 要比 "卡特琳娜" 更轻一些，性能更佳，其有着更远的飞行距离（5600 千米）和更强的轰炸能力。但是，"卡特琳娜"在生产数量上稍微多一些，并有着更高的知名度。美国的四引擎类型（如联合 PB2Y "科罗拉多"型）就没有其他更小型同类产品那样成功了。

相比之下，日本主要的四引擎设计类型，应该是投入第二次世界大战中使用效果最好的水上飞机。川西 H8K "梅维斯"型的扩展款式，飞行距离可以达到 7000 千米的标准，并且有着重型的武器装备，因此其很难被击落。

更大型一些的，要算德国 Blohm & Voss 公司的六引擎 222 "维京"型，其连续飞行时间可以达到惊人的 28 小时，但其主要还是用来实现运输任务。

地面支援

不同的国家都会使用更小的实用类型来执行海上巡逻任务，其中包括战争初期英国的阿弗罗·安森飞机。虽然其飞行速度很慢，但是非常安全可靠，在海上飞行时出现的引擎故障，机组人员几乎从未遇见过。

有效的远程巡逻和反潜艇作战任务，都是英美两国在空对地雷达研发取得进展之后开始取得战绩的。很多不同款式的大型轰炸机都用来执行这一任务，其中比较著名的就是联合 B–24 "解放者"型。还有就是 PB4Y–2 武装民船，这种新类型是在 "解放者"型基础上开发的，特别用来实现海上打击和侦查任务。其要比 B–24 更大一些，并只有单个而非成双的尾翼。在 1944~1945 年间，曾有几百架这款飞机投入过战斗。

德国的福克沃尔夫 200 Kondor 机型，是改装过的客机类型。少数此类飞机在大西洋战争的初期阶段起到过极大的作用。但是，德国空军在总体上还是忽略了海上的控制，这给德国方面带来了很大的损失。

中太平洋战事

自 1943 年晚期开始，美国海军及其陆战队开始在中太平洋地区发起了一场新型的战争，其特点便是所谓的"跳岛"，其不但依赖于战斗部队的努力，而且也依赖于后勤支援的新方法。

事件重点：
时间：1943 年 11 月 20~23 日
地点：吉尔伯特群岛塔拉瓦岛环礁
结果：日本驻军虽然造成了美国方面的惨重伤亡，但还是被美国彻底歼灭了。

1943 年，美国海军开始将 15 支舰队投入战斗，但日本方面却只有一艘服役于军中。在潜水艇领域，美国的数量也超过了日本，并形成了 4：1 的优势，而在驱逐舰上则是 10：1 的比例，在其他军需品上也有着类似的较大优势。

这并不是日本方面没有好好节约资源所造成的。已经急剧减少的优秀航母机组人员骨干，在当年的早期战斗中已战死一成多，多数是部署在所罗门群岛和新几内亚地区的那些人。训练和改进设备（当然是更好的飞机和雷达设备）也开始抵消掉日本之前在某些领域中的质量优势，比如在空战和海上夜间战斗等方面。

但即便有着潜在的战斗优势，美国部队依然存在着必须解决的远距离运输问题：美国的太平洋舰队基地，位于西海岸 3200 千米之外的珍珠港，所罗门群岛离加利福尼亚州约 14500 千米，而澳大利亚则更加遥远。为了维持部队、舰船以及飞机的食品供应、燃料补给以及武装储备，如此遥远的距离都需要付出巨大的后勤努力。

解决的方案便是一种新型的海军组织，即辅助船队的形式，其包括了油轮和其他类型的补给船，这样一来，战斗船只就可以在远离任何基地的海上战斗期间直接进行海上补给。接着，一大堆新基地被临时性地快速建造起来，并且在之前很多平静的太平洋环礁湖之中建造起基地和浮动船坞，比如位于卡罗琳群岛的乌利西环礁地区（其自 1944 年 9 月开始变成一个重要的军事基地）。

吉尔伯特群岛

需要做的第一步，便是从 1943 年 11 月 20 日开始实现在吉尔伯特群岛中的塔拉瓦岛和马金环礁地区的军事登陆。主要集中在布塔里塔里环礁的马金环礁登陆，曾经有过激烈的战斗，但是美国陆军依然在 23 日将所有抵抗组织全部予以歼灭。不过作为塔拉瓦环礁之中主要目标的比托岛，却是另一个大麻烦。

只有 3000 米长、不足 800 米宽的比托岛，全岛海拔都不超过 3 米。截至 1943 年 11 月，4800 多名日本驻军在这里建造起坚不可摧的碉堡和机枪阵地网络，这些都在初期的轰炸突袭中幸存了下来。登陆部队主要来自于美国海军陆战队第二师，其缺乏这些环礁湖之中和之上的水深准确数据。由于这些原因，起初 5000 人的突击部队中，有 1500 人在第一天的战斗中伤亡，但是其他幸存者都坚持了下来。截至 23 日，唯一活下来的日本人就是一小撮伤员了，另外还有少数被擒获的韩国劳工。美国海军陆战队的总伤亡数字则是 1000 人死亡、2000 人受伤。

马绍尔群岛

盟军下一阶段的目标，便是要获得马绍尔群岛的控制权。这些地方并没有多少坚强堡垒，不过在其中一些群岛上，还是部署着具有相当实力的空军部队。自 1943 年晚期，这些日军部队都遭到了盟军航母的攻击，此外也来自于吉尔伯特群岛以陆地为基地的飞机。

1944 年 1 月 31 日，美国部队开始在夸贾林环礁、罗伊那慕尔群岛和马朱罗岛上登陆了。其中最激烈的战斗就发生在夸贾林环礁上，但到 2 月 4 日，那支 8700 多人的驻军部队已经战斗到最后一个人了，而给进攻方所造成的死亡人数只有 370 名。接着，埃尼威托克岛也被占领。与此同时，日本最大的海外基地，即在卡罗琳群岛中的特鲁克群岛，也遭到了美国航母部队的沉重打击。盟军的进军，继续向日本人毫不间断地发起。

登陆艇和水陆两用战车

水陆两用战车和很多种大型的登陆艇，对英美联军的战斗部队而言都是核心的武器装备。没有它们，在太平洋地区的整场反击战以及在西欧地区的胜利，都是不可能实现的。

水陆两栖战斗早在 1938 年便曾演练过（由陆军准将蒙哥马利指挥），但英国部队主要采用划艇来登上岸边。

到那个时候，日本人也有着专门为此目的建造的 8000 吨级的登陆艇服役于军中，那就是"神州丸"号，其可以在船尾部分部署"大发"号登陆艇。日本后来也引入了少部分额外登陆船和登陆艇，并成功将其应用于早期的战斗中。此外，还有一些丰田 SUKI 水路两栖卡车也在军中服役。

美国的海军陆战队作战思想

在登陆部队中的其他先锋，便是美国的海军陆战队。在两次世界大战期间，海军陆战队早已研发出很多水陆战争的作战思想，而其在第二次世界大战中正好被付诸实践。1938 年，他们开始对所谓的希金斯舰艇进行测试（这些舰艇在一定程度上是从"大发"号那里复制的，后者主要参加了在中国战区的战斗）。木头制的希金斯舰艇，将被建造成更加结实的金属材质的车辆人员登陆艇（简称 LCVP），其在第二次世界大战过程中被数以千计的人使用过。1941 年，海军陆战队下达命令，第一支重要的履带式登陆车（简称 LVT）和系列水陆两用飞机投入战斗。后来的 LVT 能够携带 3 吨货物，并备有 75 毫米榴弹炮。

产量更多的当属 DUKW 水陆两用式卡车。最后的美国水陆两用式，是更加小型的斯图贝克 M29 "黄鼠狼" 运输车。所有这些水陆两用式，也都被英国人使用过。

英国的类型

到 1940 年，英国已经拥有了不少的突击登陆艇和机械化登陆艇（简称 LCM）在军中服役。这些登陆艇中的每一个都可以运载一支步兵排或一辆坦克。不久之后，又增加了一些其他类型。此外还有很多种步兵登陆艇（简称 LSI），其中有些是从渡船或者小型的邮轮改装而成的。此外还有专门建造的船坞登陆舰（简称 LSD）。

美国方面差不多的同类产品，是武装人员运输船（简称 APA）和武装货船（简称 AKA）。这些不同的 "军舰" 在设计时并不旨在实现登陆沙滩的功能，而只是运载更加小型的 "船艇"，这些 "船艇" 可以运载部队战士和突击登陆时所需的物资。

于 1940 年开始在英国设计的（后来在美国开始了相应的大规模生产），是坦克登陆艇的不同款式。其中最大的大约有 56 米长，可以运载九辆谢尔曼坦克，从船头部分的坡面进行登陆。

这些登陆艇属于最小的类型，并专门为所谓的 "岸对岸" 作战计划而建造。它们可以在较好的地形中被装载起来，接着在自身的动力系统下航行到登陆地区。这样的船只包括坦克登陆艇（简称 LST）和大型步兵登陆艇（简称 LCI/L），其中每一种都建造过上千艘。一艘坦克登陆艇可以运载 20 辆坦克，而一艘大型步兵登陆艇则可以运载 180~210 名步兵。

其他用途

不同规模的很多登陆船只，都被赋予特定的用途。其中一些变成了指挥船或医疗船，而其他的则负责提供掩护防空的火力。其中最令人瞩目的，当属装备有火箭弹的款式，其最多可以发射出具摧毁效果的火箭弹 1000 枚，并使其抵达登陆地区。到 1945 年，登陆艇及其战术的变化性与复杂性，以及可以达到的火力支援量等，都意味着可以对几乎所有敌人发起一次成功的突击登陆行动。

马里亚纳群岛战事

盟军对马里亚纳群岛的占领和日本在菲律宾海上战役的惨败，都使日本的统治范围遭到极大割裂。随着战争的进行，南部地区被切断，并几乎靠近到日本本土。

虽然到 1944 年年中，日本帝国的外部疆域在美国人的推进面前显得越来越不堪一击，但日本的领导人们依然幻想通过一场决定性的海上战役来扭转局面。他们的这个计划，代号为"A–Go"，试图以此发起一系列航空母舰和地面飞机的突袭，从而击溃美国的主力部队。

不幸的是，美国舰队不但拥有两倍于日本的航母飞机（950：470），且美国已经基本上在密码破译和情报获取方面获得了优势，而且"A–Go"作战计划已经被发送到美国人手中，因为菲律宾的游击队在一架日本军官的坠毁飞机上找到了这个秘密计划。

塞班岛、提尼安岛以及关岛

6 月 15 日，两支美国海军陆战队师级部队在塞班岛登陆，并开始了陆上战斗。塞班岛是这个地区最强大的日军驻地要塞，其驻军大约有 2.7 万人，但到 7 月 9 日，最后的抵抗被粉碎。在附近地区提尼安岛的登陆，是在 7 月 24 日开始发起的，这里有 6200 多名驻军，不过到 8 月 1 日已经被彻底歼灭了。关岛也被占领，那里的 1.9 万名日本驻军在激烈的战斗中全部阵亡；那里的登陆行动是在 7 月 21 日开始的。组织有序的日军抵抗战斗，在 8 月 10 日停了下来。

日本的驻地要塞其实全都战斗到最后一人。而美国的兵力，主要是美国海军陆战队，也付出了 5000 人的生命代价。

菲律宾海战役

当美国对这些群岛的最初攻击发起的时候，身为日本联合舰队指挥官的海军上将丰田副武下令实施 "A-Go" 作战计划。几乎从一开始，日本方面就诸事不顺。随着舰队的靠近，其早已被美国的潜艇侦察到了。与此同时，美国的空中突袭摧毁了日军在马里亚纳群岛的飞机部队，此外还有在硫磺岛和其他岛屿的兵力，而这些原本都是要被派往马里亚纳群岛的。最关键的是，在马里亚纳群岛的当地指挥官在舰队战略指挥官小泽治三郎面前对坏消息避而不谈，以至于小泽治三郎误以为在他接近美国部队的时候，对方的实力已大大受损。

日本方面唯一的优势，便是其战斗机和侦察机，这使其能够搜寻到美国的航母，并可以先发制人地发起攻击，当时是 6 月 19 日清晨。总而言之，小泽发起了 4 次攻击，在当天的袭击过程中就包括了大约 370 架飞机，但大约有三分之二的战机被击落，其他的则在关岛上空被击毁。相反，美国军舰只有一艘被一颗炸弹击中，美国飞机的损失数量也只有 29 架。

日本的飞机及其临时抱佛脚培训起来的机组人员，再也无法与美军的飞行员及其防空炮手相匹敌，后者都将当天的战斗戏称为"马里亚纳射火鸡大赛"。更糟糕的是，日本最大的两艘航空母舰，即"大凤"号和"翔鹤"号，都被鱼雷击中，并被美国的潜艇击沉。

尽管如此，小泽依然试图继续战斗下去。6 月 20 日，美国侦察机一直无法确定日军的位置，一直到下午的时候，即当大约 130

架轰炸机和 85 架战斗机被派去实施突袭任务的时候，指挥官们才知道，他们的飞行员必须在天黑之前飞回航母基地。另一艘日军航母也被击沉，另外 3 艘遭到破坏。但美国方面也有超过 70 架飞机在返回航母的时候被击毁，不过多数机组人员都被打捞回来。

　　相比之下，日本飞机的 400 多名机组人员几乎没有几位在战役中幸存。因此，这次最大的航母战役也标志着日军航母兵力的毁灭性打击。他们依然拥有一定数量的军舰，但是几乎找不到可以驾驶这些舰船的专业人员了。

海上战斗机

　　与其他地面武器一样，在航空母舰上进行操作的战斗机在设计上必须实现进攻快速、操作简便以及装备精良等条件，因为要在海上的艰苦条件下参加战斗，还要具备适合远程飞行的结实结构。

　　由于只有英国、美国和日本三国有条件使用航空母舰，所以也只有这三个国家拥有这一级别的战斗飞机，不过有的时候飞机也会在地面基地发起战斗。

英国的设计

　　英国在战争初期的海上战斗机，都显得十分笨拙。1939 年，英国的皇家海军航空兵依然在使用着双翼式的"海斗士"型号，也拥有炮塔装备的布莱克本"大鹏"式水上战斗机，其（虽然是一架单翼飞机）飞行速度要比"海斗士"稍慢一些。从 1940 年开始，这些都被费尔雷"萤火虫"所取代。这款飞机在地中海战场针对意大利飞机的战斗中取得了相当骄人的战绩，但却依然无法与其他国家的设计相媲美。后来的费尔雷"萤火虫"式也变成了相对较大的两座战斗机，并且具备了更加现代化的性能，最高速度可达508千米每小时，并具有相当有效的炸弹负荷量。

英国皇家海军在海上使用过的本土制造的最好纯战斗机，都属于"喷火"系列的不同改进版，其在军中服役的知名型号便是"海喷火"舰载战斗机。"海喷火"的不同款式都被投入战斗，并且与其先前的设计款式一样，速度都非常快，操作简便而且装备精良，但就是在射程上略有欠缺。在战争的后来时期，在英国部队中服役的多数海上战斗机都是下面要提及的美国类型。

日本的类型

最出名的日本海军战斗机，出产于三菱公司。其中的A5M"克劳德"在20世纪30年代晚期服役于中国战区，并在一定程度上出现在太平洋战场的早期阶段。最高速度达435千米每小时的这款战机，有着令人惊讶的飞行速度，并具有固定的起落架设计和较高的机动性。

接下来的三菱战斗机，即A6M类型0"Zeke"（或称"零式"），才是真正值得一提的款式。该款是从1940年开始服役的，在那个时代具有无与伦比的战斗机动性，并装备着2×20毫米加农炮和2挺机关枪，此外还有令人惊叹的950千米的行动有效航程。至少到1942年末，其超过了所有盟军的竞争对手。战争后期更具实力的A6M5款式则是生产最多的"零式"战机。但到那个时候，盟军因为拥有充足的训练有素的飞行员，也有着重型的装备和极高的性能，从而可以利用"零式"战机的弱点——一个是在建造时不够重型化，另一个是飞行员缺乏装甲保护。

其他著名的日本海军战机，是三菱J2M雷电"杰克"式与川西N1K紫电"乔治"的不同款式。这些多数都效力于以地面作为基地的作战任务，后来还参加到日本本土抵御美国B-29轰炸机突袭的战斗。

美国的类型

美国海军也是带着战前设计的款式参加到第二次世界大战中去的，不过这种布鲁斯特 F2A "水牛"战机很快就被淘汰了。这也是美国海军的第一种单翼飞机，曾效力于中途岛战役，并在1941~1942 年间在马来半岛与英国皇家空军并肩作战，但显然都无法与日本的"零式"战机相媲美。

在那时能够超越"水牛"战机的，当属格鲁门 F4F "野猫"式（在英国军中也被称为"圣马丁鸟"战斗机）。"野猫"式的升级款式，在军中一直服役到 1945 年。后来，其得到过更大型、更具威力的格鲁门设计的改进，设计出 F6F "悍妇"战机，其被一些讲解员描述为战争中最好的舰载战斗机。其有着较高的机动性，并显得极其结实强悍，这一优势不但体现在战斗中，也体现在重型航母登陆的日常事务之中。其最高速度可达 620 千米每小时，有着相当不错的性能表现。

足以与"悍妇"战机相抗衡的，是美国海军在战争后期的主要战机，比如钱斯·沃特 F4U "海盗"式（自 1942 年 10 月开始服役）。其要比"悍妇"式飞得更快些，战争后期的新款速度可达 700 多千米每小时，还可以被成功当作战斗轰炸机来使用。

潜水艇和轰炸机

在日本投降前数月，其对美国潜水艇的突袭已束手无策，而日本本土的每一座主要城市，都在 1944~1945 年间的美军轰炸过程中被夷为了平地。

日本大肆扩张疆域并攫取其本国所稀缺之自然资源的计划，在战争之前就已经酝酿了好几年。但是，这个计划显然并没有充分考虑到怎样将被占领国的产品安全运抵本土。如果这不是日本战败的直接原因，那么这个疏漏显然是美国能够如此之快赢得这场战争胜利的主要原因之一。

在珍珠港事件之后，美国太平洋舰队中能够立即发起进攻的唯一部分，便是其潜水艇部队，但是与1939~1940年的德国一样，其鱼雷都非常低劣，经常出现不能引爆或者偏离发射轨道的问题。一直到1943年年中，这些问题还没有被完全解决。自那时起，一直到战争结束之前，美国的潜水艇都给日本军舰造成了极大的伤亡。虽然日本依赖进口来保持其经济的运转，并需要运送部队、物资以及武器给其前哨阵地，但是日本海军却忽视了反潜艇的作战战略。比如说，日本没有几艘船装有水下传感器，甚至到1942年还一直没有，此外也没有什么组建护航舰队的计划。

美国的密码破解和情报服务经常可以引导潜水艇抵达准确的目标地点，一旦到了那儿，它们便可以从雷达设备中获益，找到攻击目标，同时对空中突袭做出提前警报。

损兵折将

至战争结束，日本差不多有500万吨装载在无数艘战舰之上的运输物资，直接被潜水艇所击沉，并有200万吨遭到水雷的轰炸，其中包括空中和潜艇发起的两种。截至1945年夏天，美国潜艇甚至能在日本海领域中自由进出，并切断了日本与其在亚洲大陆的大型部队的联系。实际上，日本现在已经完全被封锁起来了。

空中打击之后的废墟

与潜艇攻击不同的是，对日本本土的轰炸计划是在远距离飞行的波音B–29超级"空中堡垒"战斗机出产之后才得以实施的。这个作战计划是在1944年6月15日开始的，当时的50架B–29战机都位于印度的基地，并飞经中国的机场，最后袭击了在九州的攻击目标，而当时的九州是日本主要岛屿中最靠南的地方。后继的50

多次类似突袭，也是在利用中国境内基地的条件下发起的，并且赶在 1945 年初日本陆军占领这些地方之前。但是，总体上说，只有一小部分攻击目标在日本本土。

至 1944 年 11 月，在马里亚纳群岛之中的新基地已经可以启动，从那里出发，其实可以对整个日本国进行打击。起初，美国的战略是发起高空的日间突袭，并尝试对飞机制造厂和类似目标进行精确的轰炸，但这些突袭都遇到了誓死捍卫的日军的空中防御，并没有取得令人满意的效果。

到 1945 年初，一种新技术的试验早已开展，那就是在夜间对城市的燃烧弹轰炸。这一战术具有几个潜在的优势：如果直接攻击平民是可以被接受的话，那么主要由木头和纸张建造起来的日本城市建筑物，便会变得不堪一击；日本并没有多少夜间战斗能力，所以损失会相对较低；轰炸机可以运载较重的负载量，而由于飞行高度较低，可以减少一些机械方面的问题。

在很多次试验性演习之后，新的作战策略终于在 1945 年 3 月 9 日至 10 日的夜间第一次予以执行。当时大约有 280 架 B-29 轰炸机袭击了东京。燃烧弹带来了巨大的风暴性大火，并导致了大约 12 万日本平民的死亡，这也成就了战争中最具摧毁性的空中突袭战（那时候原子弹轰炸还没有到来）。在后来的数周时间中，一座座城市先后遭到了类似的悲惨命运，而且在 4 月末的突袭还得到了护航战斗机的增援，这些战机都是从刚刚占领不久的硫磺岛机场那里起飞的。

截至 7 月末，轰炸机已经将较大城镇这类攻击目标给突袭了个遍，而日本的经济也完全崩溃，至少有 80 万人在其中阵亡，另有 1000 万人无家可归。或许其中最重要的，是日本天皇和一些领导人开始清楚地认识到，这场战争必须结束了！

潜水艇

第二次世界大战的潜水艇在作战能力上比较有限，但是没有人会怀疑，它们是赢得战争的潜在有力武器。德国的 1000 艘 U 艇在大西洋战役中战败，而美国海军的潜艇却给日军造成了致命的打击。

德国的 U 艇部队在战争期间依赖于两种主要的设计款式：较小（750 吨水面排量）的七号潜艇和较大（1000 吨）的九号潜艇。这些设计类型，显然是从"一战"时期的 U 艇演化而来的，并同时具有适合于深水俯冲的精良设计和结实结构。

U 艇的发展

十四号补给 U 艇也在德国被建造起来。这些都在扩展作战有效航程方面起到了重要的作用，特别是其中的七号潜艇，但是所有的十四号潜艇都被当作优先目标追猎过，并依靠密码破解信息来实现。到战争中期，德国 U 艇已被盟军的反潜艇部队所超越，因此在与之相抗衡的新技术上的研究工作也被重视起来。最早被引进的是一个通气管装置（是战争前荷兰发明的），这一设计可以帮助潜艇在下潜时难以进行探测的时候操控其主要的发动机。这在一定程度上起到了效果，但在使用时却出现了很多不同的缺点。更有前瞻性的是如何使潜艇的船体予以简化并更有效率，并进一步开发其打击能力。少数二十号和二十三号德国 U 艇类型便使用这种技术，并在战争结束前不久投入军中服役。它们较高的水下速度使其很难被还击。如果德国不浪费时间在半途而废的瓦尔特系统的开发上，那么就可以建造更多的此类潜艇。

欧洲的潜艇

在战争期间，英国拥有三种主要级别的潜艇：U 型、S 型和 T

型（按体积大小的升序排列）。550 吨标准的 U 级船艇，在设计上专门用来满足训练任务，但是在实践中却于颇受限制的地中海水域中得到有效的使用。所有的英国船舰都具有实现快速潜水和运载船首鱼雷发射管等重型武器装备的功能，在 T 型级别中有 8 枚鱼雷，而在其他国家的船舰中一般都是 6 枚或 4 枚。

专门为太平洋战场建造的潜水艇（包括英国的 T 型级别），似乎要比欧洲水域的那些设计类型都显得更大一些。1939 年，在军中服役的最大型潜水艇是法国的"苏尔古夫"号，标准是 3250 吨，并配备有 203 毫米口径的双子炮塔和一架水上飞机。

日本的潜水艇

日本在战争期间的 I–400 级别（建造过 3 艘）体型更加庞大，标准是 5200 吨，并可以运载 3 架飞机，主要旨在对巴拿马运河的封锁线发起攻击。其他国家在"第二次世界大战"之前都试验过庞大的潜水艇，但日本的才是真正投入实战的仅有案例。

日本的标准潜艇并没有什么值得一提的地方：潜水速度相对较慢，并且不能潜入到较深的地方。它们的优势在于可以使用一种 533 毫米口径的著名"长矛"鱼雷弹，在那时可算是战争中最好的潜艇鱼雷武器。日本在战略上也强调对敌军战舰的攻击，但忽略了对物资供应船只的打击力度。虽然日本潜艇在其他胜仗中击沉过航母"黄蜂"号和"约克镇"号，但是它们的贡献依然十分有限。最大规模的级别是 2200 吨的 I–15 类型。

美国海军类型

美国舰队的潜艇，全都具有较高的质量。类似的"小鲨鱼"级、"白鱼"级和"丁鲷"级别，则有过更多的服役期。它们大约都有 1500 吨的标准，并具有较好的设计，在雷达和声呐设备方面都是如此，其他附属设施如空调等则促使其在太平洋的巡逻任务对工作人员而言显得更加舒适安逸。可惜的是，在珍珠港事件发生一年多之后，其鱼雷变得十分低劣落后。当这一缺点被纠正之后，美国潜艇实际上已经将日本商船彻底消灭掉了，并将派来追击他们的很多海军轮船也击沉了。

缅甸，1943~1944

　　1942 年在缅甸地区的撤军，是英国历史上最漫长的一次军事行动，但是到 1944 年年中，英印的第十四军则给日本带来了最糟糕的地面败仗，那就是科希马和因帕尔战役的战果。

　　1942 年，日本的目标是对缅甸发起进军，切断给中国提供物资供应的核心道路，并适时继续向前推进到印度地区。英国的意图是对印度做出防御，并及时收复缅甸以及后来的马来半岛。美国领导人则对缅甸境内的胜利并无太多兴趣，只是将其作为重新开辟通往中国的一条物资供应线路，并在那里对日本发起强有力的进攻。结果，虽然日本对印度的进攻在 1944 年被击退，但是缅甸的阵地早已跌出了盟军的优先名单，从而促使英国和美国的计划都无法顺利实现。

　　缅甸境内每年一遇的 5~11 月初的雨季，使大规模的军事作战计划化为泡影。到 1942 年年末，盟军部队已经在早些年间的溃败之后迅速重整旗鼓，并试图对沿海的若开地区发起中等程度的进攻。在数个月的战斗之后，日本重新占领了多数在之前被很快攻陷的地区，这一结果进一步确认了，他们依然在战略上占据上风，并在丛林战役中具有优势。

　　钦迪特

　　在那个时期，唯一可以发起的进攻便是完全新式的"远距离渗透"战斗模式，这是由一支名叫钦迪特的特种部队展开的，而其领导者是具有超凡魅力的陆军准将——奥德·温盖特。从空中得到物资供应的他们，在日军后方战线进行了颇具效果的战斗，并在数周时间里切断了日军武器弹药供应，并向其基地发起了突袭。后来，他得到命令重新返回印度。温盖特被丘吉尔奉为英雄，他和他的手下得到了媒体的赞誉，因为他们用行动证实，日本人在丛林中并不是不可战胜的。

实际的前进线路，是在 1943~1944 年初的另一系列若开战役中得到开辟的。英国的推进行动被视为盟军发起总攻的一部分，而日本人则安排向印度进军的初步计划，因帕尔地区就位于他们东北方向的内陆腹地。结果，英军的一部分一度全部投降，这一局势如果在过去足以导致直接的溃败，但现在经过更好培训的部队坚守住了他们的阵地（主要得益于空中的物资补给），并轻松战胜了日军。这一成功在很大程度上要归功于比尔·斯利姆将军，其自 1943 年 10 月以来便负责英国在缅甸的驻军，即第十四军。

因帕尔和科希马

在很多场艰苦卓绝的战斗之后，在主要的内陆前线开始出现一种类似的模式。在代号名为"U-Go"的行动中，日本人计划推进到印度地区，而实施这些突袭任务的是牟田口廉也的第十五军。斯利姆和其他英国指挥官早就预料到会遭到日军突袭，但因日军行动太神速，结果，少数英军在科希马地区缴械投降，而另一较大的战斗部队则在 4 月 4 日和 5 日在因帕尔地区被擒。再一次地，这个计划的目标就是坚守住，并等待空中的增援，然后救援部队便可以一路从北面杀过来。

对科希马的围攻，是在一次于该镇内外展开的短兵相接的恶战之后开始突围的。一直到 6 月，进攻部队才与因帕尔的驻军部队相会合，而又一个月后，日本才开始最终撤退。当斯利姆的部下开始收到数千吨物资供应和战斗中巨大的空中部队增援时，日本人则开始在后勤上捉襟见肘，很多人都面临忍饥挨饿的困境。他们的伤亡率大概是 6 万人，其中一半人战死沙场，而英国和印度方面则只有 1.7 万人的死伤。

莱特湾战役

莱特湾战役是由三次独立的战斗组成的，是历史上最大的海上战役。虽然美国部队占有巨大的优势，但在此次战役中也付出了沉重的代价。

事件重点：
时间：1944 年 10 月 24 日至 25 日
地点：在菲律宾群岛内外的三次独立战役
结果：美国人勉强躲过一场战争劫难。

1944 年年中，随着美军的不断涌入，指挥官们开始对如何攻击日本的问题产生了争议。麦克阿瑟将军觉得，应该重新占领菲律宾，但是美国海军的领导人则主张将台湾作为下一个主要目标。在莱特岛的登陆计划终于在 10 月 20 日做出，其内容便是在年末的时候对吕宋岛及附近岛屿发起进攻。

日本人的计划

日本依然拥有很多配备大炮的军舰，其中包括"大和"号和"武藏"号，后者是日本最大型的战舰。日本的海军上将们也希望发起一场最终的鏖战，并希望这些军舰能够将战争的局势予以逆转。日本人的海上空军武器不再威不可挡：其虽然拥有航空母舰，却没有多少训练有素的飞行员和飞机。海军上将丰田副武的"Sho-Go"计划（胜利计划）召唤航空母舰将主要的美军兵力都吸引到北面地区，并让多数重型军舰从西面穿过海峡，去攻击美国不堪一击的登陆舰队。

美国对莱特岛的登陆行动，是从 10 月 20 日开始的。日军的 A 战队，自 22 日开始从婆罗洲出发起航。美国的潜艇击沉了两艘日本巡洋舰，并在第二天报告了 A 战队的行动情报。10 月 24 日，美国"普林斯顿"号航母被地面的日本战斗机击沉。

A 战队在锡布延海区域遭到美国航母战机的袭击，"武藏"号被炸弹和鱼雷击沉。由于遭遇突袭，日本海军上将栗田健男下令予以暂时躲避。

哈尔西犯下的错

美国的两支主力海军部队，就是海军上将威廉·哈尔西的第三舰队，其中包括航母支队第 38 号特遣部队，和海军上将托马斯·金凯德率领的第七舰队，负责运输和物资供应。哈尔西误以为 A 战队早已彻底撤退了，而金凯德的海岸轰炸战舰可以应付日本的南部兵力（这点蒙对了）。因此，他觉得完全可以自由支配北面的主力部队，去对付日本人的航母。

因此，在 25 日当天一大早，第七舰队的旧式战舰在苏里高海峡的一次夜间枪战和鱼雷战中大获全胜，两艘日本战舰被击沉。至此，在早期多次无疾而终的突袭战之后，日本人在北面的航母就剩下几十艘战斗机了，而它们要面对的是第 38 号特遣部队的 10 艘实力雄厚的航母。三艘日本航母和其他几艘战舰也在 25 日的恩加诺海角战役中被击沉。

本来有更多部队可以被派往前去的，但是美国的部分袭击都不得不因为来自于莱特岛附近舰队的紧急信息而被迫取消。

不过，强大的美军防御能力和日军越来越显露出来的燃油不足，使栗田健男不得不在一次非决定性的战役之后掉头回转，而那次战役便是萨马岛之战。在他们撤退期间，不同的日本部队都遭受到进一步的惨重损失。把所有这些都计算在内，原本可能是一场美军灾难的事情，因此转变成日军舰队的一次浩劫。

海军轰炸机和鱼雷飞机

海军部队发起的任何一次威猛的空中打击，通常会包括俯冲轰炸机和鱼雷飞机的混合编队。但这两种飞机在战斗机和防空火力面前显得极度不堪一击，伤亡率非常之高。

说起海上飞机的其他类型，其拥有者还是英国、日本和美国这三者。1939年，大多数服役之中的英国飞机早已过期淘汰，后来的新设计则有了一些改进。对日本人来说，在起初颇具战绩的那些飞机类型，特别是在得到一支占优势的海军战斗机部队支援的条件下，并没有被完全取代，其所要面对的是更加强大、更加精密复杂的美国部队。

英国皇家海军

英国在1939年的主要鱼雷轰炸机，是看上去比较古老的菲尔利"剑鱼"式双翼飞机，其飞行速度较慢，并且在满负载条件下的最远航程只有880千米。值得一提的是，配有雷达设备并运载着深水炸弹和火箭弹的"剑鱼"式，在1945年的反潜艇作战任务中依然处于使用之中。战争初期的俯冲轰炸机，即单翼飞机布莱克本"贼鸥"型，也是相当落后：一方面是飞行速度较慢，另一方面在炸弹运载量上只有226千克。自1943年开始，菲尔利的一种新设计款式，即"梭鱼"型进入军中服役。其经常被当作一架轰炸机来使用，不过其在设计上原本是鱼雷飞机。

美国的设计

美国海军在战争初期的战机，都来自于道格拉斯公司。

SBD "无畏"式，属于俯冲轰炸机类型。其机组人员声称，他们的战斗口号便是"飞得慢但是要你命"。诸如在中途岛之战中，这款战机其实获得了相当了得的战绩。在1945年之前，其被很多部队使用过。在战争初期，这一款式的同类产品还有TBD"破坏者"式，但是其并没有很好的口碑，因为速度较慢，火力一般，很显然这是不堪一击的。

自1943年晚期开始，在战斗前线的"无畏者"式开始被寇蒂斯SB2C"地狱俯冲者"式所取代。这款战机拥有更好的性能表现，但是也存在安全可靠性的问题，因此机组人员并不是非常青睐这一款式。"破坏者"式的替代款式倒是显得更成功一些。

"复仇者"式的设计者和最初生产者都是格鲁曼公司，这款飞机原本是作为TBF的系列产品，比较结实，并且性能更佳。虽然是在1940年刚刚被设计出来，却在1942年便投入战斗了，其在战争的剩余时间里都获得过比较成功的战绩。在设计时原本是要运载鱼雷的地方，经常被负载炸弹或者空对地的火箭弹。

日本的回应

日本对珍珠港的袭击，是由飞机来实施的，而这些飞机被盟军称为"瓦尔"和"凯特"战机。爱知D3A"瓦尔"俯冲轰炸机，只能携带相对中等的炸弹运载量，大约是360千克，但在飞行速度上却相当惊人，飞行时速是397千米每小时。这款飞机有着固定的起落架，并且据说在俯冲轰炸的时候具有较好的精准度。

其后来被横须贺D4Y"朱蒂"式所取代，其还生产了很多"子类型"产品，但是没有一款是令人满意的。更进一步的爱知型设计款式，即B7A"格雷斯"号，在性能上更胜一筹，但只是在1944年投入使用过。

中岛B5N的"凯特"式在战争的最初几个月里也具有较好的表现。更新型的款式，即中岛B6N"吉尔"式，是在1944年6月面世的。其原本应该是一架效果不错的飞机，具有较理想的飞行距离和军械运载能力，但是对日本海军而言是不幸的，其不再拥有任何训练有素的飞行员和那些供战机随时起飞的航母平台了。

菲律宾征服战

当麦克阿瑟将军于1942年离开菲律宾的时候，曾经发下誓言：我会回来的！ 1944年10月，他在登陆莱特岛之后实现了这一誓言，但是日军依然坚守着吕宋岛。

盟军在菲律宾群岛西南方向莱特岛的登陆计划，是在仓促之下实施的，当时的航空母舰突袭似乎表明，这座岛屿或许并没有很坚不可摧的防御工事。而这被证实是一个错误的估计，最后，太平洋战场业已建立的交战模式再度被重复着，而美国部队也逐渐消耗掉其防御力量。

夺取莱特岛之战

在1944年10月20日的行动第一天，瓦尔特·克鲁格将军的第六军在莱特岛的东部海岸线上，指挥登陆了多达13万人的部队兵力。麦克阿瑟将军也亲临现场，并历史性地从一艘登陆艇上登陆上岸（接着还重复了这一动作，以便媒体摄影的记者们摄影留念）。日本在莱特岛的最初兵力大约是2万人多一些，但是新近被任命为日军在菲律宾战场最高指挥官的山下奉文，派遣了5万人的增援部队来到这座岛屿，不过这些人都遭到了惨重的伤亡，并在运输过程中损失了多数武器装备。

虽然日本海军在试图介入莱特湾战役的过程中遭致致命性的打击，但是在陆地上的战斗依然十分激烈。最后，日军对美国的地面和空中火力已不能做出任何回应，而有组织的抵抗也在12月末的时候宣告结束。双方的伤亡率也是完全的不对等，日军方面的阵亡人数是 6 万人，而美国方面则只有 3600 人。

到那时为止，在罗伯特·艾克尔伯格将军指挥下的美国第八军，也卷入了这场战斗，并在当月 15 日对轻装防御的民都洛岛发起了登陆作战计划。与以往一样，他们很快建造起临时机场，从而给未来的战斗计划提供补给。

解放吕宋岛

1944 年年末，虽然山下奉文在吕宋岛上还残留下 25 万多人的部队，但是他们不可避免地还是要疏散到这座岛屿的不同地方，并且丧失了较好的武器装备。因此，山下做出决定，不管美国人选择什么样的方式登陆沙滩，他们都不再投入任何兵力的角逐战，而是逐渐退守到到处都是山的内陆地区，并竭尽所能地在那里长期驻守着。

1945 年 1 月 9 日，麦克阿瑟派遣第六军登陆到仁牙因湾的岸上。"神风突击队"以及惯常的空中突袭都给在途中的登陆舰队带来了一定的打击，但在不久之后，并没有多少幸存下来的日本飞机能够继续飞行到台湾岛或其他地方。

奔赴马尼拉

随着日本侵略者在 1942 年的继续行动，美国部队在不久之后开始挥军南下，并朝着菲律宾首都马尼拉地区推进。在这里，出现了中岛总体计划中的一个例外事件，即日本部队选择驻守在那里，并做出誓死顽抗。争夺马尼拉的战斗持续了一个月，从 2 月初开始，一直到 3 月 3 日才结束。虽然麦克阿瑟禁止空中突袭，但是炮兵连的轰炸和地面部队的猛烈战火，还是让日本军队爆炸连连、着火焚烧不断。这座城市被夷为平地，大约有 1000 名美国人和 1.6 万名日本人在战役中丧生，此外还有 10 万名当地平民阵亡。

在吕宋岛以及在菲律宾其他地区的作战计划，在战争的剩余时间中继续进行着，而日本方面组织有序的部队兵力被约束在更小、更遥远的区域之内。菲律宾人的游击队，曾经对日本占领地区发起过积极的反抗战斗，并在美国人的这些战斗计划中起到了极为重要的作用。但到 8 月份日军投降的时候，山下奉文的手下依然指挥着 5 万人的兵力。

中国的战争

中国在整个战争中的伤亡数字要比除苏联之外的任何国家都要多，而中日之间的战争是第二次世界大战期间各个系列战争中最漫长的。

在中国境内的战争，并不是作战双方的简单对战，多数地方出现的战斗模式都不太一样。20 世纪 30 年代，以蒋介石为首的中国国民党政府依然在与中国共产党的新生力量继续战斗着。

国内战争

日本于 1937 年发起全面侵华战争之后，国民党和共产党之间达成了一项正式的停战协议。但是实际上，在地方范围内，这两者之间的部队仍在继续交火。到 1941 年 12 月，中国共产党在日本军队控制的地区顺利扩大了其组织实力。

珍珠港事件之后，西方盟军和美国领导人都愿意相信，中国国民党军队是可以信任的，其可以在击败日军的战斗中起到极大的作用。但是，蒋介石和毛泽东都清楚地知道，他们之间最终要有一个决战；即便是在没有美军帮助的情况下，他们也可以击溃日军并迫使他们离开中国地区。这一认知在整场战争期间都在支配着他们的各种行动计划。

中国共产党在对日作战方面表现得更加积极一些，这在某种程度上提高了他们在中国国民心目中的威望，而且他们要巩固实力的地方恰好也是日军势力比较稳固的地方。

蒋介石在国民党政府居于首脑的位置，完全依赖于他个人对军队的控制大权。反腐败和职业化运动（这是他以约瑟夫·史迪威为首的美国顾问团所希望的）都会妨碍他的这一军事操控权，因此这些事情他都没有去做。除了用来对付日本人之外，美国人向其提供的物资供应中的绝大部分都被他用于打击共产党人的战斗计划，或者用于后期的储备。

1941年—1944年日本人反复在农村地区发起"清乡"运动，并在所到之处烧杀劫掠。在战争年代，日本人控制的地区逐渐开始受到中国共产党人的影响，共产党领导下的游击队力量不断强大。

日本人的进攻

1942年，出现了一次大规模的日军大进攻，很多中国和美国的空军基地被占领，总共有25万余人死亡，其中多半都是由日军的生化武器导致的。

到1944年，美国已经在中国建立了余第十四空中部队。其在中国境内的突袭（及其接下来对日军发起的第一次突袭）都导致了日军的大规模反击，即自当年4月开始的"一号作战计划"。在这次日军攻击面前，国民党军队彻底崩溃，而美国人的空军基地被轻易地占领了。但到1945年，中国收复了许多失地。

缅甸的胜利，1944~1945

第十四军的系列辉煌胜利，从1944年末一直持续到战争结束的最后一刻。在敏铁拉和曼德勒战役的胜利，确保了缅甸最终于1945年5月基本上被彻底解放。

虽然日本人试图入侵印度的各种想法在1944年上半年的因帕

尔战役后遭到粉碎，但是盟军开辟一条通往中国的道路并收复缅甸的目标依然等待实现。英国、印度等国组成的第十四军依然向中缅甸地区大规模进发，此外还有沿着海岸线前进的次要进军线路。与此同时，一支中国、美国和英国的联合部队也推进到北部和内陆腹地，并给中国开辟出一条地面的物资供应路线。

利多公路

包括约瑟夫·史迪威将军（在 1944 年 10 月之前一直是中国战区的美军高级将领）在内的美国领导人都以为，中国国民党能够在击败日本的战斗中起到主要作用，只要他们能够获得盟军提供的充分的武器装备配备即可。虽然在中印之间"飞越驼峰"行动的空中运输在物资供应方面费了九牛二虎之力，但现实中成批的物资运输其实只能通过陆地来实现。

所选的线路是从利多开始的，这个地方位于印度铁路系统的东北角，然后向南延伸一直进入到日军控制的领土，并与旧的缅甸道路相连，而这条道路在珍珠港事件之前一直都在给中国提供物资补给。建设工程是从 1942 年晚期开始的，后续的行动便是要将日军扫地出门。而这条道路在 1945 年 1 月终于修通了。

在这一战区的主要战役从 1943 年末开始一直持续到 1944 年 8 月，其中在密支那镇地区附近的战斗尤为激烈。参与战斗的盟军部队，包括中国驻印部队、一支被称为"义解麦支队"的美国编队以及第二亲墩江远征军——其要比第一亲墩江远征军规模更大一些。

斯利姆的杰作

英国领导人早已开始心生疑窦，即中国国民党军队究竟会对盟军的战斗有何贡献？他们宁愿推进到中缅甸地区，并在后来开始尝试更南地区的海上作战计划。

虽然日本在缅甸境内已经大规模地重建了他们的部队，但是他们现在早已被盟军所超越了。第十四军的战士将自己描述为"被遗忘的军队"，因为他们的阵地远离家乡，并且在盟军有限名单的末尾。但是，他们无疑在军事训练、战术以及配备方面都相当了得，这也使他们在与日本人作战时丝毫不吃亏。他们还有着强大的空中支援，最重要的是，他们还有一位足智多谋、值得信任的指挥官斯利姆将军。

当战斗于 1944 年末开始打响的时候，一次颇具欺骗性的战斗计划使日本人确信，曼德勒已经成为盟军的目标。相反，斯利姆将军的主要计划是占领南部敏铁拉的核心交通枢纽，这是在 3 月初才被接管的。在敏铁拉地区的部队，在日军的反击过程中遭到了数周的包围孤立，但到 3 月末，这些日军都被击溃。

日本人处于全面撤退的败局，不过依然能够偶尔发起还击。随着雨季的逐渐临近，对仰光地区的海上攻击开始打响。在第十四军从北面发起进攻后不久，便占领了这座城市。

死守海岸地区的日本部队，现在已经被切断了联系，他们试图逃窜到东部地区。这一战场在日本人最终投降前的最后战斗中，有数千日军被击毙。

运输机和滑翔机

在第二次世界大战中，发起一次全新规模的空中补给战是完全可能的，不论在缅甸、中国，还是在其他地方。大规模的空中作战计划已然开始，其中会使用运输机和滑翔机将数支部队快速运送到战斗现场。

在第二次世界大战中，空运第一次起到了举足轻重的作用。也是在这场空中战争中，运输机和滑翔机运载的部队第一次被部署到各大战役中去了。

在战争初期，最出名的运输飞机当属德国的容克 52 式。容克 52 式可追溯到 20 世纪 30 年代初，其有着非比寻常的三引擎配置。此外，容克 52 式还拥有不俗的飞行性能，并能运载 18 人阵容的全副武装战斗部队。在德国境内的战争初期阶段，曾经降落过很多伞兵部队，并牵引过不少的滑翔机，但它在作为运输机将物资运输到斯大林格勒被包围的第六军的任务中，表现得不甚成功。

德国也拥有大型的六引擎梅塞施米特式 323 型运输机，其原本是从一种滑翔机改装而来。其可以运载无与伦比的 21 吨货物，但是飞行速度很慢，而且很容易遭到战斗机的攻击。

英国主要依赖于美国的设计款式，特别是在运输飞机上，但也确实部署过一些改装过的重型轰炸机，并投入使用过。惠特利、斯特灵以及哈利法克斯等，都牵引过滑翔机，并实施过空降伞兵的任务；兰卡斯特的阿佛罗约克改装版，可以运载 10 吨重的物资。阿姆斯特朗·惠特沃斯·艾伯马尔式，原本是被设计成一架轰炸机的，但却在很多任务中被当作滑翔机牵引者来使用。

与其他任何国家相比，美国使用过更多的运输飞机，此外还有很多被派往别的盟军国家。其中最古老的设计款式，是在 20 世纪 30 年代中期的道格拉斯 DC-3 型客机的基础上建造完成的，并在服役期间拥有 C-47 "空中列车" 的称号（在英军中的称号是 "达科他" 式）。在所有战场之中，此种飞机一共有 1 万余架被建造完成，并服务于所有运输任务之中（在这些战机被当作伞兵运输工具时，其正式的官方名字是 C-53 "空骑兵"）。

在对付日本的战争中，主要使用第二种双引擎的设计款式，名叫寇蒂斯 C-46 "突击队员" 式。虽然其飞行速度更快，并且可以运载比 C-47 更多的货物量，但是总共只生产了 3300 架。其多数都服役于著名的 "飞越驼峰" 艰苦战斗，并将物资通过空中线路运送到中国境内。最后，美国还拥有四引擎的 C-54 "空中霸王"

式，其是在战前道格拉斯 DC-4 客机的基础上改进的。其可以运载 50 名机组人员，或者重量相当的货物，其主要服务于美国的基地。

滑翔机

乍一看，滑翔机在军中服役可能显得比较危险，因为它并不适合作战。但是，这些滑翔机还是颇具价值的，也能够被投入到许多战斗中去。它们可以将数量庞大的部队运送到战场，并将每一架飞机的负载量以集中的形式完成（伞兵部队可以被分散到较远和较宽阔的地方）；它们在飞行的时候几乎是悄无声息的，并可以实现在某个目标物旁边非常精确地着陆，甚或是在其顶上（德国人在 1940 年的艾本·艾迈尔要塞实施过，而英国的很多部队都在诺曼底登陆时顺利实践过）；滑翔机运载的部队并不需要经过精心挑选，也不需要任何专业的跳伞训练。使用数量庞大的滑翔机的国家，包括英国、德国和美国。

德国的主要滑翔机类型，是 DFS230 式。其可以运载 10 人的负荷量，其中包括飞行员本人。（各个国家的滑翔机飞行员通常都会在登陆之后冲出来参加战斗。）更大的类型包括哥达 242 和梅塞施米特式 321 巨人运输机，其是梅塞施米特式 323 的先驱设计款式。巨人运输机需要三架梅塞施米特 110 式或者经过特别调整的亨克尔 111 式来将其牵引至空中，因此其并不算一款完全成功的作品。

英国的滑翔机包括空速公司生产的霍莎式滑翔机，其可以运输 30 名士兵，或一挺反坦克炮，或者是相当重量的货物。而更加重型的通用飞机"哈米尔卡"，可以将一辆轻型的坦克升至空中。美国的主要滑翔机（超过 12000 架被建造完成）就是 CG-4A 式"韦科"式，其可以运载 15 名士兵或者相当重量的货物。

硫磺岛和冲绳岛之战

这两座岛屿的登陆战斗，是攻入日本本土主要地区之前的最后的主要战斗计划。虽然两岛在面积和地形上有差异性，但其都在美军获得控制权之前见证过惨烈的战斗。

事件重点：

时间：1945 年 4 月 1 日～6 月 21 日

地点：琉球群岛中的硫磺岛和冲绳岛

结果：美国部队占领了最后一个基地，双方在战斗中都遭到了非常惨重的伤亡损失。

1945 年，美国的战略制定者早已清楚地知道，要赢得战争，完全依赖于占领日军据以发起进攻的那些基地，因为这些地方是日军获得物资补给的地方。硫磺岛在东京的战斗机飞行范围之内提供临时机场；冲绳岛拥有的基地和港口，可以给执行作战计划的庞大部队提供所需的物资供应。

硫磺岛

硫磺岛在太平洋的地图中，不过是一个小点而已，其由两座岛屿组成，呈梨形，有 8 千米长、3 千米宽。1945 年，其拥有三条飞机跑道，但多数地方还是贫瘠的火山岩石，并有一座 150 米高的死火山，其名叫"摺钵山"，地点位于其南部末端。1945 年，这里或许是战争历史上重兵防守最严密的堡垒要塞地区，粟林忠道当时率领 2.1 万名战士在这里驻守着，并准备顽抗到最后一刻。

粟林忠道的防御经受住了最初阶段的猛烈空袭和海上轰炸，他原本计划让突袭者在开火并暴露其阵地位置之前登陆的。登陆战是

226

在 2 月 19 日打响的，在第一天就有大约 3 万名美国第五水陆两栖集团军的陆战队战士登陆海岸。不久之后，陆战队遭到了四面伏击，并且是来自于复杂的战壕阵地、隧道和其他坚固阵地，这些防御工事几乎遍及整座岛屿。战斗的结果是毋庸置疑的，但是这场战役依然充满了凶险和血腥。

一直到 3 月 26 日，登陆战士才将顽抗者彻底消灭，但也给海军陆战队带来了差不多 6000 人阵亡和 1.7 万人受伤的重大损失。不过到那时，P–51 "野马"式战斗机已经在这里参加战斗，而其各个机场也可以为从马里亚纳群岛飞来的 B–29 式战机提供降落地面。

冲绳岛

冲绳岛离日本本土的最近距离只有 560 千米，因此，这里会遭遇到顽强的抵抗。

日本第三十二军在把守着这座岛屿，并在牛岛满的指挥之下作战，兵力有 12 万人之多。他并无意在沙滩上展开鏖战，因为他比较畏惧美国人的火力。

相反，他将兵力集中在面积相对较小但有着重兵把守的南部岛屿地区，那里的复杂地形足以帮助他们从各个方面进行防御。

总算起来，大约有 50 多万美军和超过 1200 艘战舰（包括一支重要的英国分遣队）参加了对冲绳岛的战斗。

海军兵力遭到了 "神风突击队" 狂风暴雨式的袭击，400 多艘轮船被击沉或损毁，但并没有严重打乱盟军的原本计划。巨型战舰 "大和"号被用来当作一艘自杀式舰船，其从日本出发的时候只携带了足以抵达冲绳岛的燃油。其最后在 4 月 7 日由于空中打击而沉没，那时其还来不及靠岸。

美军的登陆早就从 4 月 1 日开始了，并在当月月中之前比较轻松地占领了这座岛屿的北部地区的大半。那个时候，更加艰苦的战斗在南部所谓的 "首里防线" 揭开了序幕。在长达两个多月的短兵相接之后，日本人的抗击终于熄了火。

美国部队在地面和海上一共牺牲了 1.25 万人，并有 3.5 万人受伤，这是一个令人震惊的数字。

日本方面付出的代价当然更是惨重。几乎所有驻军都被杀光，也包括无数的平民，更多的平民索性都选择了自杀。其中最为恐怖的是，在这些人之中，还有数百名孩子活活被他们的父母杀死，因为他们不希望自己的孩子遭到残酷的伤害，他们曾经听说过美国人会做出这样的事情。

驱逐舰

驱逐舰是多功能的战舰，其简直是水面战舰和潜水艇既快速又致命的追猎者，它们所配备的是鱼雷和深水炸弹。有数百艘驱逐舰被投入使用，并不断参加到每一个战场的战斗之中。

驱逐舰原本是用来保护战斗舰队免遭鱼雷攻击的，也亲自实施这样的攻击。这些战舰在第二次世界大战中基本上保持着它们的主要功能，不过到那个时候，鱼雷攻击已可以从潜艇发起，水面舰船也包括在内。

第二次世界大战的驱逐舰基本上都是 1500~2000 吨的排水量标准，并搭载着 4~6 挺 127 毫米左右口径的主力火炮以及 8~10 支鱼雷发射管，而在最快速度上可以达到 35 节。另外还搭载有深水炸弹，以及很多的轻型对空火炮。这两种武器类型基本上都是随着战争的发展而逐渐增加进去的，此外还有新式的雷达和声呐设备，当然都是得到技术改进的那些类型。英国、美国和日本三者在战争开始时大约都投入了 100 多艘驱逐舰，并在战争的过程中建造了更多。这三个国家在战斗中都损失了 100 多艘驱逐舰。

欧洲的设计

在欧洲海军中，英国在两次世界大战的过渡期间建造了相对小型的驱逐舰。其型号有 A~I 的不同级别（在 20 世纪 30 年代，每个级别在每年都会建造出 9 艘左右），这些 1400 吨标准的舰船搭载着 4×119 毫米的火炮和 8~10 支鱼雷发射管。但是，119 毫米口径的火炮并不能实现对空防御功能，因此这些舰艇在配备上十分低劣，都无法经受得住空中突袭。英国也有更大的型号级别，其配备着 8×119 毫米的火炮和另一个简化了的鱼雷武器。法国和意大利都建造了某种极为大型的驱逐舰，包括"空想"级和"航海家"级两款，这些都是既大型又快速的战船，但是其适航性和安全可靠性不佳。

二战中的军舰，是分级为"驱逐者"的更大型轮船和更小的"鱼雷舰船"。"摧毁者"或"驱逐者"类型的正常吨位是 2400 吨，并配有 5×127 毫米的火炮。英国在战争期间的驱逐舰，字母级别最高可达"W"，总体上都要比它们的先驱型号稍微大一些，并有着更好的对空作战能力。其中一些配有 102 毫米的对空火炮作为主力武器。

太平洋海军的类型

日本和美国都偏爱比英国战前级别更大一些的舰船，并具有配备合适双功能水面/防空火炮装备的优势。日本也配备着 610 毫米的"长矛"鱼雷，其要比盟军部队中任何武器都要先进一些。此外，日本人还将他们的舰船装配了鱼雷再装弹设备，可以在实战中使用，并允许实施多重打击。

日本的"吹雪"级（截至 1932 年已建造过 24 艘）战舰在建成的时候（1800 吨，6×127 毫米火炮，9 支鱼雷发射管），是世界上最具威力的驱逐舰，但它们后来被证实是不堪一击的，因此在服役的初期得到过大幅度的重建。另一个比较出名的级别，便是 2000

吨标准的"阳炎"号类型，有着与"吹雪"号类似的武器装备。

美国海军将最好的 DP 主力火炮装配在多数美国的驱逐舰之中，从"法拉格特"级别（1934 型，1400 吨，5×127 毫米火炮，8 支鱼雷发射管）以下的类型都有，其试着与大型的日本设计款式相匹敌，但是这些驱逐舰都存在着稳定性和适航性的问题。

但是，在战争期间建造起来的美国海军型号，才是当时最好的驱逐舰。"弗莱彻"级别（2100 吨，5×12.7 厘米火炮，10 支鱼雷发射管，35 节）具有非凡的火力平衡性、稳定性和速度，并可以配备额外的防空火炮和其他设备，这些从战争经验来看都是必需的。后来的艾伦·M·萨姆纳和基林级驱逐舰在体型上稍大一些，但是在总体上基本相似，其中比较特别的，是"弗莱彻"5 个独立的 127 毫米口径武器被三挺双炮塔武器取代了。

大规模杀伤性武器

虽然数千人在第一次世界大战中因为毒气效应致死，但是在 1945 年被发明的原子弹与各种生化武器才是更加恐怖的新式武器。

20 世纪 30 年代后期，科学家们开始越来越熟悉这样的概念，即连锁反应可以在特定元素中形成，并释放出庞大无比的能量，而其完全可以用来制造某种类型的炸弹。

日本和苏联的科学家们也认识到了这一可能性，但这两个国家都无法在那个时候继续将这个思想予以深化，而美国的研究在当时也并没有太大的进展。

是英国人取得了最先的进展。鲁道夫·佩尔斯和奥托·弗里希都是躲避纳粹迫害的难民，而就是他们实现了技术突破：他们精确计算出，相对少数的稀有金属铀 235 同位素是制造一种超级炸弹的必须元素。（其讽刺意味的是，这两位之所以从事这一领域的研究，是因为他们尚未得到完全的信任，因此不能参加英国本土科学家"更加至关重要"的电子和雷达设备研究项目。）英国和美国的其他科学家们，也研究出"炸弹制造"的第二种选择方法。这一方法就涉及一种新元素的创造，那就是钚，其可以从常见的铀 238 同位素中提炼。

第一颗原子弹

英国人将研究进展与美国人进行了共享，后者在 1941 年晚期开始了更具实质性的研究。这不久之后便发展成"曼哈顿计划"，很多英国科学家都在此计划中得到了转移。到 1945 年初，铀 235 和钚都被提炼出充分的数量，而两款炸弹的设计类型最终被确定下来。

1945 年 7 月 16 日，一种钚设备在新墨西哥的阿拉莫戈多试验地区爆炸。其效果据说足以释放出相当于 15000 吨 TNT（三硝基甲苯）的爆炸威力；这一爆炸也可以在 275 千米之外的地方看到和听到效果。投放在长崎的那颗原子弹叫作"胖子"，其是第二颗钚武器。投放在广岛的"小男孩"原子弹，则是在铀 235 同位素的基础上完成的。

虽然在开始这项研究的时候，其中最大的动机是预防德国人发展起类似的武器，但是美国的领导人不久便认识到原子弹史无前例的爆炸威力——其足以逆转国际局势。在其使用之前让日本尝尝原子弹厉害的想法从未被认真考虑过。后来由于战局需要，因此毫无疑问的结果便是，应该尽快在战斗中使用原子弹。

瓦斯和毒气

第二次世界大战也见证了化学与生物武器的发展。幸运的是，这些武器用得还是比较少，主要是害怕会遭到同等的报复性攻击，最后落得个徒劳无功的下场。但是，对盟军领导人来说，德国"V"

武器只有传统的爆炸弹头，这是值得宽慰的一件好事。

所有国家都小心谨慎地使用毒气，在第一次世界大战的时候也是如此。毒气面罩被分发给部队士兵和平民，一般来说，诸如芥子气和光气之类的一战毒气弹储量，完全是为报复性战斗而准备的。意大利在其征服埃塞俄比亚的过程中使用过芥子气，但是这样的武器在第二次世界大战中并没有被使用过。德国人独立研制出神经毒气——塔崩和沙林，但并没有在实战中使用过。这一研究在 1945年的时候还落入了苏联人的手中。

几个国家都试验过生物战剂，并生产过使用这些生物战剂的武器，不过希特勒禁止在德国境内进行研究。在战争结束的时候，英国和美国都拥有炭疽和肉毒杆菌毒素等生物武器。侵华日军假借研究内容主要以研究防治疾病与饮水净化为名，实则使用活体中国人、朝鲜人、联军战俘进行生物武器与化学武器的效果实验（"731 部队"暴行为代表），在此过程杀害数百万中国人。但只有日本使用过此类武器。他们令诸如霍乱、伤寒症以及瘟疫等疾病在中国部队中蔓延。

石井四郎及其研究小组是在 1945 年被美国人擒获的，但却获得了控诉豁免权，条件便是他们全盘交出研究的内容。

日本投降

到 1945 年 8 月，日本早已经遭到重创，但是接下来还有一系列的重磅打击：原子弹在广岛和长崎投放，苏联人开始宣战并继而发起针对中国东北的地面攻击。

自从 1943 年 1 月的卡萨布兰卡会议召开以来，英美两国的官方政策便是寻求日本的无条件投降。在那个时候，将通过更长时期的鏖战去包围日本的计划已经显露无遗，美国和英国都急于说服苏联人加入到远东的战争。在领土割让和其他让步条件的促使下，斯大林在 1943 年末的德黑兰会议上做出了及时的承诺，并在欧洲战争取得胜利的不久之后向日本宣战。

当盟军领导人在 1945 年 7 月的波茨坦再度集会的时候，很多事情都已经发生了变化：希特勒已经在柏林附近的废墟中身亡；日本也在接近战败的边缘。在会议开始前一天，世界上第一颗核弹在新墨西哥地区开始了第一次测试。有关其威力的新闻，也迅速传到了当时还在波茨坦的新任美国总统哈里·杜鲁门和英国领导人的耳中。

日本政府早已开始谋求关于有条件投降的试探性建议，这主要通过其在莫斯科的大使发出，但从这些建议中清晰可见的是，他们希望得到这样的保证，即裕仁天皇的地位不能遭到任何的动摇。盟军无法接受这一条件，并认为这样做可能会被视为一种示弱的信号，从而会遭致更长时期的抵抗。

因此，后来发布的《波茨坦公告》，其中并未提及日本天皇的问题，而只是要求日本无条件投降，并威胁说，如果这一要求不能得到满足的话，那么日本将面临"彻底性的摧毁"。与此同时，斯大林被正式告知（虽然他已经透过间谍事先获知），美国已经拥有一种超具威力的新式武器，并准备对日本使用。斯大林还更加明确地认识到，苏联在不久之后也要进攻日本。

身兼海军上将的日本首相铃木贯太郎对《波茨坦公告》做出公开回应，说他暂时不会对其做出评论。因此，杜鲁门下令使用原子弹。

原子弹攻击

第一颗原子弹是在 1945 年 8 月 6 日早上投掷在广岛的，当时其由一架从提尼安岛飞来的 B-29 轰炸机携带着。这颗原子弹杀害了 8 万多人，几乎是在瞬间实现的；据估计，另外还有 5 万人死于其短期或长期的辐射效应。长崎遭受了类似的命运，只是在伤亡数字上略少一些而已，时间是 8 月 9 日。

　　毫无疑问，杜鲁门做出使用原子弹的决定，在很大程度上是希望通过让日本投降的方式，让更多人能够逃过战争的劫难。但是，历史的记录也清楚地证实，这一动机之中还有另一层意思，那就是胁迫苏联人，同时也为战后世界秩序奠定了里程碑。

　　苏联人于 8 日发布了他们承诺过的宣战公告，而他们的部队也冲破了国境线，于第二天进入到侵华日军控制的中国东北地区。日本方面原本精锐的关东军，现在在武器配备的数量和质量上都被苏联人超过，终于落得个土崩瓦解的下场。中国东北地区和北朝鲜在数天之内便被攻占。

投降

　　裕仁天皇现在终于介入进来，并告诫他政府之中的顽固军国主义分子，这场战争必须结束了。一直到最后，日本政府的核心成员都无法正视失败的事实，而当初让日本卷入这场战争的也是这些人。这一点可以从裕仁天皇向其民众的广播中找到缩影，他只是温和地声称："战争局面已经发展到完全不利于日本的态势。"

　　就在同一天，即 8 月 15 日，盟军开始了庆祝，并将其称之为"对日战争胜利日"（也叫"太平洋战争胜利日"）。日本的正式投降协议，是于 9 月 2 日在东京湾的美国战舰"密苏里"号上签署的。

战争的影响

1945 年，并没有人声称第二次世界大战将成为"结束所有战争的一场战争"，但是其确实验证了一点，即未来任何战争的爆发都各有其不同的原因。扩张的军国主义是德国和日本自 20 世纪初以来的特色，此外还伴随着嗜杀成性的种族主义。

在 1945 年之后的一段时间之内，美国的原子弹垄断（这一局面只持续到 1949 年）似乎可以防止任何针对美国及其盟友发起的进攻。但是，苏联和西方盟国之间的相互猜忌（其中有一些得到了证实，另一些却毫无佐证），带来了冷战期间逐渐紧张的关系和相互竞争。虽然冷战自身并没有持续到下一个世纪，但是其影响在新世纪依然十分严重。

在现代冲突中采取的更具争议性的很多手法，都可以直接从第二次世界大战中找到历史的渊源。第二次世界大战中的抵抗运动和类似的组织，使用的战略都是十分熟悉的那些。虽然他们使用的是精确打击的武器，但是 21 世纪的空中部队依然会时不时地轰炸平民，这与他们的先辈在当时毫不犹豫地干这些事的情形是一样的。

战争的死伤和破坏

第二次世界大战是人类历史上最残酷的一场战争，其中的死亡人数是之前所有战争总和的好几倍。死亡还降临在远离前线的平民身上，其彻彻底底的恐怖性是之前从未预想过的。

第二次世界大战付出的生命代价是非常巨大的，但是我们却无法对其做出准确的计算。即便是在 21 世纪初期，即当多数记录已经向历史研究开放、与战争相关的痛苦已经逐渐消退，依然没有人能够计算出其准确的数字，以后也不会有人能够做到。基本上算合理的最低数字是大约 4000 万人的死亡，但其他估计数字则可以达到 5500 万的天文数字。而相较这个庞大的数字，受伤人数则是其三倍之多——这些伤者将在剩余的生命中饱受病痛和伤残之苦。除了这些之外，还有其他更多人，因为这场战争的经历或失去挚爱亲人而留下了精神上的创伤。这场苦难几乎是无法估量的。

惨痛的代价

毫无疑问，苏联的损失是所有国家之中最大的，而东部战线则是战斗规模最大、最无道德底线的战斗现场。苏联军队至少死亡 1000 万人，其中相当一部分是因为落入德国人之手变成战囚遭虐待而死的，也有很多人一旦从德国获释或回到西方盟军控制的苏联境内，便被直接送往古拉格集中营。苏联平民的死亡人数总体上可以达到 1000 万人之多，这些人中的一部分是被斯大林政权本身所谋杀的。

在欧洲平民伤亡列表中占据主导地位的，是其中 600 万被纳粹谋杀掉的犹太人。纳粹人几乎实现了他们对欧洲的非犹太化，但也有来自纳粹控制地区的 30 万犹太人在这场战争中幸存了下来。

在这个列表中伤亡仅次于苏联的国家，就是中国了。中国的死伤人数几乎也是无法统计的，通常的估计数字是在 1000 万至 1500 万之间，其中有两三百万是在军中服役的战士。

主要的轴心国遭到了重创，而且每个国家的军中死伤率都要比平民的数字更多一些。大约有 450 万德国士兵阵亡，另外还有 200 万平民在战争中丧生。日本的死伤总数大约是 200 万人。波兰和南斯拉夫也遭受到十分严重的重创：波兰失去了 400~450 万人的生命，其中有一半人是犹太人，而南斯拉夫则有 150 万人，多数都是在这个国家惨烈的反击战和国内战争中阵亡的。

作为盟军主要国家之一的英国，失去了大约 35 万人的生命，这要比第一次世界大战中的数字少很多，而大英帝国的附属国家则还有另外的 12 万人死于非命。与其人口总数相比，美国的损失是所有主要参战国家之中最低的，大约是 27.5 万人，其中除了一小部分外，几乎全都是战死的军队战士。

除了在战争中被杀害或受伤的数百万人，还有战争结束后产生的数百万难民。即便他们现在有了可以返回的家园，很多人也不希望重返故土了，因为战时的事件或者后继的政治影响意味着，他们将面临着危险或不受欢迎的局面。另外在战争结束的时候，欧洲地区还有 3000 多万的"流民"（指流离失所的人，不同于难民），而在中国也有几百万这样的人口。

战争造成的破坏

除了战争的人员伤亡代价之外，战争破坏的规模也是相当惊人的。即便是在英国——它只遭到了相对较轻的轰炸，并且没有发生过地面战役——也有数万个家庭遭受了战争的重创。在德国和日本，全部城市几乎都遭到过盟军摧毁性的轰炸。在苏联的西部地区，大约有三分之二的家庭、工厂和其他设施都在战斗中遭到破坏，或者是在撤退的烧光政策中被夷为平地——先是苏联人自己，后来则是德国人。

对战败者的处置

在第一次世界大战中，盟军只占领了德国的部分地区。与此不同的是，在 1945 年，德国和日本完全被盟军国家所占领和统治。

国际审判庭也对这两个国家的战犯进行了审判和惩罚。

在 1943 年 1 月召开的卡萨布兰卡会议上，罗斯福总统早已宣布（并得到了英国首相丘吉尔的同意），盟军将要求德国和日本做出无条件的投降。后来，英国、美国和苏联组建了欧洲顾问委员会，专门为德国和其他轴心国起草投降条款（此外还有奥地利，盟军决定将其从德国领土中再度独立出来）。这些计划最终都在 1945 年召开的雅尔塔会议和波茨坦会议上得到了政府首脑们的同意。

盟国管制委员会也被组建起来，专门负责管理轴心国家的事务。从德国的立场来看，这意味着这个国家将要被分割成四个占领区，其分别隶属于美国、英国、苏联和法国，而柏林地区则也会遭到类似的划分。

至于日本，倒是给出了好几个计划方案，包括将其分割为盟国分区的版本。相反，当时机成熟的时候，麦克阿瑟被任命为占领区的盟军最高指挥官。日本的所有主要岛屿都开始处于美国人的控制之下，而麦克阿瑟则扮演起一名统治寡头的角色。苏联人占领着千岛群岛（将继续保留为苏联领土）和库页岛的南半部地区，而日本主要岛屿的占领部队还包括了一支大英帝国的分遣队。

惩治战犯

1943 年，盟军已经公开宣布了他们意图惩治纳粹战犯的想法。在 1945 年的波茨坦公告之中，这一进程得到了继续延伸，并开始将日本主要战犯包括进来。这也导致了两大主要的国际战犯审判程序，其分别在纽伦堡地区和东京地区，其中一些主要的头目均得到了法庭的审判。最后，22 名德国人和 25 名日本人接受了审判（两大审判中的起诉书还列明了那些已经死掉的人，并判决这些战犯不得上诉或自杀）。另外还有其他很多的审判，都是在盟国各个国家单独主导下进行的，因为这些被指控为罪犯的人曾经只祸害过盟国的特定某一个国家。

在主要审判中出现的指控，包括了国际法领域的两大新概念，即破坏和平罪和反人道罪，此外还有违反之前国际上一致赞同之标准的既存战争罪的概念，其中涉及处理战争囚犯的事宜。在纽伦堡有三个人当庭被判无罪，但是在东京却没有一个人脱罪，不过一些被告在指控面前并没有被证实负有罪责。惩罚的措施包括 19 项死刑和很多个有期徒刑。

胜利者的正义审判？

这些审判的某些方面并不是十分令人满意的。当然也存在着另一个元素：比如说，斯大林在 1939 年的入侵波兰行动也应被判处有罪，此外还有像纳粹党徒那样对数以千计的波兰人的后继谋杀行为；真正公正无私的法庭，其实还应该将英美联军的战略轰炸行动评判为战争罪。

在日本方面，被告人是经过筛选的，而指控的证据也有了倾向性的报导，这样裕仁天皇及其家人便可以从中脱罪，因为这才符合盟军的占领政策。

虽然对审判程序的合法性与公正性存在诸多的争议，但它们最终确定的原则是，国家领导人应该被带到国际法庭上。在纽伦堡的证据毫无疑问地证实，纳粹确实谋杀过大约 600 万的犹太人，但另有一些人则一直否认这一事实。不管存在什么缺陷，但这些都是颇有价值的先例。

分裂的欧洲

在 1946 年一次非常著名的演说中，温斯顿·丘吉尔描述了欧洲是如何被一道铁幕分割开来的。各种猜忌致使战时的英国、美国和苏联之间无法结成联盟，以后则愈演愈烈。

虽然战争于 1945 年随着西方和苏联部队对欧洲两大半区的控制而宣告结束了，但是没有几个人会觉得这种局面将是一种长期的状态。包括苏联人在内的盟军主导力量，在 1945 年初的雅尔塔会议上发布了所谓的《欧洲解放宣言》。这一宣言声称，他们试图在这些国家建立起民主政府和自由选举制度，所有从德国控制下获得解放的国家都要实现这些目标。

西部欧洲

在西欧地区，实现这些誓言一点问题都没有。盟军力量一直都在支持战争期间处于流亡状态的所有这些国家政府。1944~1945 年间的德国大选中，当地的共产党人，曾经对德国占领地区发起过最主要的抵抗运动，其充分参与了这些选举活动，并赢得了举足轻重的投票数额。

更加清楚的是，在东欧地区的条件将会完全不同。即便雅尔塔会议已经召开，苏联人还是在努力确保共产党人在保加利亚执掌大权，而在 1945 年 3 月，他们还在罗马尼亚地区组建起一个共产党人的政府。

从第二次世界大战的早期阶段，英国（以及后来的美国）便曾在伦敦支持过一个波兰的流亡政府，但随着苏联红军于 1944 年的推进，苏联人开始组建起另一个共产党政权，并在当年年末将其确认为临时政府。一些"伦敦波兰人"确实曾于 1945 年重新返回过波兰，但是他们却被当时的政府驱逐出来。1947 年初期，所有的反对声音都被镇压下去了。在 1947~1948 年间，在匈牙利和捷克斯洛伐克境内，还有更多的共产党接管政权的事件发生。

反共产主义运动

对这些发展的关注，以及对如何处理德国的争议，不久便导致了英美方面的新变化。在 1946 年初，美国总统杜鲁门曾经提到过"对苏联采取强硬态度"的需要，而其他高级人物也敦促美国采取一种"警觉并遏制苏联扩张主义倾向"的政策。温斯顿·丘吉尔的"铁幕"演说是在英国政府同意其政见的不久之后提出来的，在那个时候他已经不是英国首相了。

自第二次世界大战结束以来，英国一直在帮助希腊政府去发起一场针对共产党人领导的内战，但在 1947 年初，英国由于自身陷入极端的经济问题，而无法继续承担起这样一个对外援助事业了。

斯大林一直保持着他的战时承诺，即不干涉希腊的事务，而希腊共产党所接受的外部援助都来自于南斯拉夫地区。这样一来性质便不一样了，因为其毕竟不是直接来自于莫斯科。但是，西方世界完全明白其中的奥秘。

相反，美国同意接管英国在希腊的角色任务，并且也开始帮助土耳其。这一政策是在 1947 年 3 月被总结出来的，当时的杜鲁门总统做出承诺，要"支持自由事业的人们"，并对颠覆企图做出反抗。这便是著名的"杜鲁门主义"的开始。

欧洲的经济在整体上依然遭受着战争年代的摧毁性打击，这在1946~1947 年的冬天显得尤为严重。1946 年，英国和美国同意停止从德国那里获取战争赔款。到 1947 年初，他们开始考虑支持一个德国经济恢复计划，并将其作为恢复欧洲经济繁荣一致性计划中的一部分。这也将有利于美国人，因为这会给其带来新的市场。

西方世界和苏联的政策很快便出现了对峙局面。

战后新国家

日本在亚洲的统治，充满了残酷的种族主义色彩，但是其也使欧洲殖民地的恢复成为不可能的任务。在中东地区，大量的犹太移民在战争结束之后开始涌入，而这也意味着，新的局势正在形成。

日本的"大东亚共荣圈"口号曾提到"亚洲人的亚洲"，虽然他们在接下来的统治中尽显残酷本性，但日本人在1941~1942年间的胜利在很大程度上也打击了之前的殖民主。英美在1941年发布的《大西洋宪章》，是在美国人的坚持下出台的，其公开支持世界上所有人选择他们自己的政府。美国人在整个战争期间的政策，也是戴着反殖民主义的面具的。这两种元素都促使了民族主义力量的逐渐发展。

殖民斗争

比如说，在中南半岛法属殖民地区（现在的老挝、柬埔寨和越南），美国的战略情报局曾支持过一个越南民族主义政党联盟，而其领导人就是战争期间的共产党人胡志明。胡志明的越盟（全称"越南独立同盟会"）部队与日本人展开了激烈的战斗，并在战争结束后，宣布成立越南民主共和国。法国则继续尝试（最后无果而终）重新建立殖民秩序，因此又开始了长期的战斗，最后的结果便是北越在1975年终于战胜了南越。

在荷属东印度群岛地区，战前的殖民者也尝试在战争之后重新执掌起控制大权，但最后还是以失败而告终。在这里，日本人曾经在战争期间与民族主义领导人阿克马德·苏加诺合作过，并在1944年许诺会承认其独立的地位。在得到日本人援助的条件下，苏加诺在1945年8月宣布印度尼西亚成为一个独立的国家。在一场艰苦、激烈的战斗之后，其在1949年终于获得了荷兰人的承认。

与荷兰人及法国人命运不同的是，英国具备重新占领马来半岛及其他地区的雄厚兵力，而那些地方在1945年8月依然处于日本人的占领之下。不过，不论它们在任何阶段是否曾被日本人占领过，几乎所有在亚洲的英国殖民地很快便获得了独立。1939年，虽然部分自治政府都有了非常完备的制度，但是英国在印度的总督单方面宣称这个国家与德国势不两立，并且没有咨询过任何一名印度人的意见。到1945年，那些日子毫无疑问已成过往云烟，印度和巴基斯坦则在1947年开始获得独立。

以色列和阿拉伯人

欧洲的变动也在中东地区迎来了新的天地。战前在叙利亚地区处支配地位的法国已无法卷土重来，而叙利亚最终也在1944年获得了独立。英国在巴勒斯坦的战前支配权，遭到了犹太人、阿拉伯人及英国机构之间暴力冲突的掣肘，不同的计划先后出台，内容都与犹太人和阿拉伯人国家的独立或联合有关。

在第二次世界大战结束之后，犹太移民和大屠杀的经历，给犹太复国主义注入了史无前例的更强动力，而联合国试图在阿拉伯人和犹太人之间达成交易的努力最后还是无疾而终了。1948年，在英国人的统治届满之后，以色列的独立国家宣告成立；1949年，以色列终于顺利建国。大约有70万名巴勒斯坦地区的阿拉伯人从他们的家园中被驱逐出来，其影响力一直持续到21世纪。

共产主义在中国

第二次世界大战之后最大的变化，发生在中国地区。虽然盟军的援助一直都给了国民党，但是中国共产党在这场战争中获得了更好的发展。他们的军队有着更好的组织性，到1945年，他们已经在中国多数的侵华日军占领地区产生了积极的影响力。

在接下来的几年中，共产党逐渐开始在整个国家中占据上风，并于1949年宣布成立中华人民共和国；被击败的国民党军队撤退到了台湾地区。在西方国家看来，这对世界共产主义而言，无疑是一场重大的胜利。

冷战

至 1949 年，国际事务的焦点已不再是处理第二次世界大战之后的相关事宜。相反，美国、苏联和其他很多国家都开始卷入到一场更加危险的新式战争中去，那就是冷战。

至 1947 年中期，美国和苏联之间的关系已经处于低潮期。这两个国家从未完全信任过彼此，在战争结盟的时候便已如此，现在则变得更加糟糕。在当时，美国依然垄断着核武器，并且相当确定的是，美国及其盟友完全不受任何直接军事攻击的威胁。

但是，欧洲的经济依然没有实现任何实质性的进展，也未从战争的灾难中恢复过来。在这种氛围之下，美国领导人开始担心，共产主义思潮或许会一路高歌猛进。这个问题的核心部分便在于，盟国的政策实际上阻止了德国的重新建设，因为在苏联领导下的盟国早已掠夺了德国的多数工厂和其他资源。

马歇尔计划

随着"马歇尔计划"的宣布，所有这些局势都发生了变化。根据其计划内容，美国人的援助是要提供给所有的欧洲国家，也包括苏联在内。杜鲁门总统及其顾问给这些援助附加了条件，即接受这些援助的国家同时也必须接受美国的监督，即要让其知道这些钱是怎么被花掉的。而经过他们的精心计算，苏联人应该是无法接受这一条件的，他们当然会做出拒绝的回答，这就确保了其在东欧的卫星国也会做出这样的回答。

马歇尔计划的援助是在 1948 年正式开始的，截至 1951 年，其提供给这些国家的援助数额超过 120 亿美元。从此，欧洲的经济开始逐渐有所起色，并超过了 20 世纪 30 年代的那些发展数字。

苏贸易也开始繁荣起来，这不但有利于欧洲人，也有利于美国的经济发展。最后，由于还需要对这些援助如何分配的问题做出决定，因此欧洲国家便开始了经济合作的进程，而这一进程也促使了 1957 年欧洲经济共同体的成立，最后又发展成为今天的欧洲联盟。

新的德国局势

1948 年 3 月，美国、英国和法国同意将他们在德国的占领区变成一个统一的实体。6 月，他们为整个地区引入了一种全新的货币，从而取代了一直在那里继续沿用着的希特勒时代的帝国马克。

由于苏联在战后欧洲政策的主要目标是确保德国再也无法恢复其在这个大陆的主宰权，因此任何预示着德国经济复兴的措施都被视为一种威胁。苏联对盟国货币改革以及其他措施的回应，便是关闭所有通往柏林地区的公路和铁路。这一柏林封锁政策被视为冷战时期第一次最为公开的对峙。

苏联人原本希望，盟国会放弃对德国采取的原有计划，而没有料到盟国通过空运的形式来对这座城市给予物资补给。数百架美国和英国的飞机每天都会飞入这座城市上空，并运载着柏林人所需的所有物资。在如此补给下的这座城市，一直撑到 1949 年苏联人开始采取温和态度之时。

但实际上到了那个时候，冷战才真正开始了。1949 年，西德与东德开始以新的国家姿态崛起，西德的第一次大选是在 8 月举行的。4 月，包括英国、美国和加拿大在内的 12 个国家，签署了《北大西洋公约》，并一致同意，如果其中任何一个国家遭到他国攻击，便视为是对所有国家的攻击。这一北大西洋公约组织的联盟，是在美国领导下的公开组织群体，其并不旨在回归到"二战"前一直盛行的孤立主义政策。从另一方面来看，还存在着另一个新的威胁：1949 年 8 月，苏联试爆了第一颗原子弹，并开始建立起他